Matthias Baumgartner

Beiträge zur Psychologie und Erkenntnislehre des Wilhelm von Auvergne

Matthias Baumgartner

Beiträge zur Psychologie und Erkenntnislehre des Wilhelm von Auvergne

ISBN/EAN: 9783744669399

Hergestellt in Europa, USA, Kanada, Australien, Japan

Cover: Foto ©berggeist007 / pixelio.de

Weitere Bücher finden Sie auf **www.hansebooks.com**

BEITRÄGE ZUR PSYCHOLOGIE UND ERKENNTNISLEHRE

DES

WILHELM VON AUVERGNE.

INAUGURALDISSERTATION

ZUR

ERLANGUNG DER DOCTORWÜRDE

BEI DER

PHILOSOPHISCHEN FACULTÄT DER KÖNIGLICHEN

LUDWIG-MAXIMILIAN-UNIVERSITÄT

ZU MÜNCHEN

VON

MATTHIAS BAUMGARTNER.

MÜNSTER i. W., 1892.

DRUCK DER ASCHENDORFFSCHEN BUCHDRUCKEREI.

Wilhelm war geboren[1]) zu Aurillac in der Auvergne, woher er auch den einen seiner Beinamen erhielt. Das Jahr seiner Geburt und seine Abstammung sind unbekannt. Auch über seine Lehrer und seine Jugendbildung[2]) wird nichts Zuverlässiges berichtet. Nur soviel enthalten die Angaben übereinstimmend, dass Wilhelm frühzeitig seine Vaterstadt verliess, um in Paris den Studien zu obliegen. Seine Fortschritte und die Überlegenheit seines Geistes verschafften ihm bald einen Lehrstuhl in den Artes und später in der Theologie. Mit dem Jahre 1228 eröffnete sich ihm eine neue Sphäre der Thätigkeit. Der bisherige Lehrer an der Universität bestieg den Bischofsstuhl von Paris, weshalb er auch Wilhelm von Paris genannt wird. Von nun an finden wir seinen Namen mit allen wichtigen Ereignissen verknüpft, welche die Universität und das wissenschaftliche Leben der folgenden zwei Jahrzehnte betrafen oder mit den kirchlichen und öffentlichen Verhältnissen im Zusammenhange standen. Hatte Wilhelm als Lehrer durch seine Wissenschaft geglänzt, so erwies er sich auf dem Bischofsstuhl nicht minder als Mann der That und des praktischen Lebens. Er starb am 30. März 1249[3]) und erhielt in der Abtei St. Victor seine letzte Ruhestätte.

---

[1]) Für die Biographie Wilhelms vgl. Du Boulay, Historia Universitatis Parisiensis, Paris 1666, Tom. III, p. 123 und 213; Histoire littéraire de la France, Tom. XVIII, p. 357 ff. Noël Valois, Guillaume d'Auvergne, évêque de Paris (1228—1249), sa vie et ses ouvrages, Paris 1880.

[2]) Hauréau (Nouvelle Biographie Générale, Paris 1858, Tom. 22, p. 687) vermutet, daß er in der Schule von St. Victor seine Bildung empfangen habe. Ein gewisser mystischer Zug in seinen Schriften könnte wirklich darauf hinweisen; doch ist wohl eher an die Schule von Notre-Dame als Bildungsstätte zu denken, da zu St. Victor nur ein Hausstudium bestand, das zudem in der Zeit, als Wilhelm seine Studien vollendete, stark im Verfall war; vgl. H. Denifle, Die Universitäten des Mittelalters bis 1400, Bd. I. Berlin 1885, S. 673.

[3]) Du Boulay, a. a. O. S. 213 und andere, wie Jourdain, Werner, haben das Jahr 1248. Nach Histoire litt. a. a. O. S. 361 stammt die abweichende Angabe daher, daß im letztern Fall das Jahr erst mit Ostern begonnen wird, welches damals auf den 4. April fiel.

1

Wilhelm von Auvergne steht im Anfange jener merkwürdigen, für die mittelalterliche Wissenschaft so bedeutsam gewordenen Bewegung, welche die Philosophie des Aristoteles in den Gedankenkreis der christlichen Schulen einführte. Seine zahlreichen Werke lassen deutlich den Beginn eines neuen geistigen Lebens mit neuen, bisher nicht gekannten Fragen und Problemen erkennen. In mehreren Gesamtausgaben [1]) erschienen, repräsentieren sie ein achtungswertes Maß von Geisteskraft, welche die meisten der Zeitgenossen überragte. Unserem Zwecke entsprechend schließen wir die rein theologischen Schriften von unserer Betrachtung aus und beschränken uns auf die Angabe und kurze Charakteristik der vorwiegend philosophischen Werke des mittelalterlichen Scholastikers.

Als erste derartige Schrift muß „De trinitate“ [2]) bezeichnet werden. Sie enthält trotz ihres theologischen Titels in den ersten 13 Kapiteln die philosophische Gotteslehre, den Beweis für die Existenz Gottes, die Ableitung der göttlichen Attribute und die Lehre vom Ursprunge der Dinge aus Gott. Der übrige Teil beschäftigt sich mit Spekulationen über die Trinität, wobei jedoch manche Bemerkungen über das menschliche Erkennen eingeflochten werden. „De trinitate“ bildet den ersten Teil des „Magisterium sapientiale ac divinale“ oder „der ersten Philosophie“, [3]) Bezeichnungen, welche eine offenbare Nachbildung der betreffenden durch die Araber überlieferten aristotelischen Termini verraten.

Ihre Fortsetzung findet diese erste Philosophie in einem zweiten Teil durch das große, später abgefaßte Werk „De Universo“. [4]) Es ist schwer, eine treffende, enggefaßte Charakte-

<hr/>

[1]) Die früheste Ausgabe wurde 1496 zu Nürnberg veranstaltet, eine zweite 1591 zu Venedig. Die letzte, trotz aller Verbesserungen und Ergänzungen noch sehr mangelhafte, Ausgabe erschien zu Orléans 1674 in zwei Folio-Bänden. Der zweite enthält als Supplement die von dem Kanonikus Blaise Leféron in der Bibliothek zu Chartres damals neu aufgefundenen Tractate (de trinitate, de anima, de poenitentia und de collatione et singularitate beneficiorum). Unseren Citaten liegt die Ausgabe vom Jahre 1674 zu Grunde.

[2]) Opp. omn. II, Suppl. p. 1—64.

[3]) Praefatio ad Supplementum p. 1.

[4]) Opp. omn. I. p. 593—1074.

ristik von dieser eigentümlichen Schrift zu geben, welcher kaum
eine andere ähnliche an die Seite gestellt werden kann. Sie ist
kein Sentenzenbuch im Sinne jener des zwölften Jahrhunderts;
sie ist aber auch keine theologische Summe nach Art der scholastischen Werke der nächsten Zeit, wie Rousselot meint.[1]
Ein großer Gedanke leitete Wilhelm bei Abfassung dieses Werkes. Er wollte die Weltanschauung seiner Zeit durch philosophische Beweisführung begründen. „De Universo" sollte den
Absichten des Verfassers gemäß von dem Seienden[2]) handeln
von dem Seienden, insofern es ein zusammengehöriges, wohlge-
gliedertes Ganzes bildet, also die Gesamtheit der geschöpflichen
Dinge und ihre allgemeinsten Beziehungen umfaßt. Die Stellung
der Aufgabe in dieser Formulierung ist jedenfalls neu, und es
scheint fast, als ob Wilhelm jenen Gedanken des Aristoteles verwertet hätte, wo dieser als den Gegenstand der Metaphysik das
Seiende als solches bezeichnet. Ein auszeichnendes Merkmal
muß ferner auch in der Forderung einer streng wissenschaft-
lichen Begründung erblickt werden, wie nicht minder in der eingehenden Berücksichtigung aller bis dahin bekannt gewordenen
philosophischen Systeme. Gerade in letzter Hinsicht verdient
Wilhelms Werk besondere Beachtung.

Außer Gott und der Welt fällt noch ein anderer Gegenstand
in den Kreis der ersten Philosophie, nämlich die Wissenschaft
von der Seele. Die Einsicht in die Unzulänglichkeit[3]) der bis-
herigen Resultate in der Seelenlehre veranlaßt Wilhelm zur Abfassung eines eigenen Traktates[4]) über dieses Thema. „De
anima" steht in den wesentlichen Punkten vollständig auf dem
Boden der psychologischen Lehren der augustinischen Vorzeit.

---

[1]) Dictionnaire des sciences philosophiques, Paris 1845, Tom. II, p. 612.
Tiedemann, Geist der spekulativen Philosophie, IV, S. 346, hat hierüber
entschieden richtiger geurteilt.

[2]) De Un. I. prooemium: Scientia de universo est scientia de ipso per
modum quo est universum h. e. de his, quae sunt, et per modum istum videlicet inquantum est universum; et hoc nominabo et numerabo et prosequar
inquisitione perscrutata per vias probationum et declarationum.

[3]) De Un. II. p. III. c. 3, p. 1018 (2). Die eingeklammerte Ziffer bezeichnet die Columne der betreffenden Seite.

[4]) Opp. omn. II, p. 65—228.

1 *

Aber deutlich zeigt sich auch auf diesem Gebiete der Einfluß einer fremden Philosophie. [1]) Probleme werden aufgegriffen, welche der aristotelischen Seelenlehre angehören.

Einen eigenartigen Charakter trägt die kleine Abhandlung „De immortalitate animae". [2]) welche als eine Art von Ergänzung zu der Schrift „über die Seele" angesehen werden muß und eine Reihe von Beweisen für die Unsterblichkeit der Seele enthält. Wie schon von anderer Seite hervorgehoben ist, [3]) und wie ich auf Grund einer mir zur Verfügung stehenden Abschrift aus der Handschrift 16613 der Pariser Nationalbibliothek bestätigen kann, bietet nämlich Wilhelm's Schrift nichts, als die Überarbeitung der gleichnamigen Schrift des Archidiakons von Toledo, Dominikus Gundisalvi, [4]) welche ihrerseits eine hie und da erweiterte freie Übersetzung einer verlorenen Schrift des Avencebrol (Ibn Gebirol) darstellen dürfte. [5]) Trotz dieses Verhältnisses wird es indes gestattet sein, Wilhelm's Schrift „de immortalitate", deren Echtheit noch kürzlich durch Valois [6]) dargethan wurde, als Beleg für die eigenen Anschauungen des Auvergners zu benutzen; denn derselbe hat eben durch diese Überarbeitung die fremden Ansichten als von ihm selbst recipierte bezeugt. Übrigens ist in der folgenden Darstellung die Schrift über die Unsterblichkeit nur in sekundärer Weise als Quelle herangezogen worden.

Dies sind im einzelnen die Schriften, in welchen Wilhelm

---

[1]) Die Vermutung Werners (Wilhelms Verhältnis zu den Platonikern des 12. Jahrhunderts, Wien 1873, S. 40), daß Wilhelm aus einer gleichnamigen Schrift Avencebrols geschöpft habe, hält Guttmann (Revue des études juives, Tom. XVIII, p. 253, Anm. 3) für unbegründet.

[2]) Opp. omn. I, 329—336. Vgl. Supplem., Ende der Vorrede.

[3]) A. Loewenthal, Pseudo-Aristoteles über die Seele, Berlin 1891, S. 58—62. 119.

[4]) Über Dominicus Gundisalvi vgl. Paul Correns, die dem Boethius fälschlich zugeschriebene Abhandlung des Dominicus Gundisalvi de unitate, Münster 1891, in Bd. 1. der „Beiträge zur Gesch. d. Philos. des Mittelalters, hrsg. von Cl. Baeumker", S. 31 ff., woselbst auch die weitere Litteratur angegeben ist. — Den Anfang der Schrift Gundisalvis De immortalitate animae druckt A. Jourdain, Recherches critiques sur l'âge et l'origine des traductions latines d'Aristote, éd. 2. Paris 1843, S. 450 f., ab.

[5]) Loewenthal a. a. O.

[6]) Valois a. a. O. S. 167.

vornehmlich seine philosophischen Anschauungen niedergelegt
hat. Ein gewisser Plan in der Anordnung der Reihenfolge läßt
sich nicht verkennen. Was die christliche Wissenschaft der
ersten Hälfte des Mittelalters über Gott, über die Welt und die
Seele gedacht, das finden wir hier zusammengefaßt vor uns.
Aber bereits kommen allenthalben neue, fremde Gedankenele-
mente zur Geltung. Die aristotelische Philosophie und ihre Ver-
wendung durch die christlichen Denker steht bei Wilhelm in
ihrem ersten Stadium. Der Pariser Universitätslehrer des be-
gonnenen dreizehnten Jahrhunderts kennt die sämtlichen Schriften des Aristoteles teils in griechisch-lateinischen, teils in arabisch-lateinischen Übersetzungen; [1]) er hat Kenntnis von einer An-
zahl arabischer Philosophen; [2]) er benützt den Moses Maimoni-
des und den Avencebrol, [3]) den er wegen des christlichen An-
strichs seiner Lehre vom „Worte“ Gottes für einen Bekenner des
Christentums hält; [4]) er entlehnt endlich manchen Gedanken dem
„Liber de causis“ [5]) und anderen mystischen Schriften, worunter
besonders jene des „Ägyptischen“ Philosophen Mercurius [6]) erwähnt werden. Aristoteles selbst gilt zwar als der Urheber [7])
des peripatetischen Lehrsystems und als ein Mann, der in der
Ergründung der Naturdinge und in jeglicher Wissenschaft Großes

---

[1]) Jourdain a. a. O. S. 289.
[2]) Jourdain a. a. O. S. 298 f. Valois a. a. O. S. 205 f.
[3]) Guttmann, Revue des études juives Tom. XVIII. p. 243 ff. Ders.,
Die Philosophie des Salomon ibn Gabirol (Avicebron), Göttingen 1889, S. 54 ff.
[4]) De Un. I. p. I. c. 26, p. 621 (2). Vgl. Guttmann a. a. O. S. 55.
[5]) Wenn Wilhelm dieses Buch citiert, so geschieht es mit dem Ausdruck „dicit philosophus“. De Un. II. p. I. c. 39, p. 839 (1). De an. VII. 6,
p. 211 (2).
[6]) Drei Bücher schreibt Wilhelm diesem Autor zu: liber de deo deorum
(de anima, prologus, p. 65, de leg. p. 66 (2), de vit. et pecc. p. 268 (1), de
Un. I. p. III. c. 21, p. 787, ebd. II. p. III. c. 22, p. 1060 (2), mit dem der Asklepius
des Apulejus gemeint ist (vgl. das wörtliche Citat de leg. c. 23, p. 66 (2)
aus Apulej. Ascl. c. 23—24; 27—28; ed. Goldbacher p. 45, 18—19; 46, 9—11;
12—13; 13 - 15; p. 58, 16—24; 59, 15—20; s. auch unten S. 21, Anm. 6), und
mit dem der liber de verbo perfectos.logos telios (de un. I.p. I. c.26, p.621)
identisch sein dürfte; ferner liber de captionibus animalium et ferarum
(de Un. II. p. II. c. 76, p. 930 (1), aus dem er seine nicht gar seltenen Bemerkungen
über die instinktiven Thätigkeiten im Tierreich genommen haben mag; endlich
liber septem planetarum (De Un. II. p. II. c. 37, p. 881 (2); ebd. c. 100, p. 953).
[7]) De Un. II. p. I. c. 45, p. 843 (1).

geleistet habe, allein er tritt nicht in jenem Grade in den Vordergrund, wie dies bei den späteren Scholastikern der Fall war. Mit welchem Maßstabe Wilhelm noch den griechischen Philosophen bemißt, dafür zeugt die tadelnde Bemerkung, daß Aristoteles nicht, wie es sich für einen solchen Mann geziemt hätte, die Bücher der Hebräer und der Magier gelesen habe. [1]) Dieses Urteil unseres Scholastikers verrät nicht blos den der ganzen Zeit eigentümlichen Mangel an geschichtlichem Verständnis; es zeigt auch, wie wenig Wilhelm von dem Geiste der aristotelischen Philosophie selbst in sich aufgenommen hatte. Bei aller freundlichen Stellungnahme zu Aristoteles, welchem man in richtig erkannten Meinungen folgen solle, [2]) beschränkt sich die Verwertung der aristotelischen Philosophie in den Werken Wilhelms auf ein fragmentarisches Herausgreifen einzelner Sätze und Gedanken, ohne das System in seinen Grundbegriffen zu erfassen. Von einer Paraphrasirung oder Kommentirung eines aristotelischen Textes findet sich keine Spur. So erscheint die Arbeit unseres Autors mehr als Stückwerk, und sein unmethodisches Verfahren konnte keinen durchschlagenden Einfluß auf die Umgestaltung des Lehrgehaltes selbst gewinnen.

Von dem soeben dargelegten Gesichtspunkt aus läßt sich nun vielleicht mit einiger Wahrscheinlichkeit ein Schluß ziehen auf die Abfassungszeit der in Frage stehenden Werke. Jourdain [3]) behauptet, Wilhelm habe um das Jahr 1240 geschrieben. Hätte aber unser Scholastiker wirklich um jene Zeit, zu welcher auch Alexander von Hales [4]) an seiner „Summa universae theologiae" arbeitete, seine Bücher abgefaßt, so wären sie inhaltlich und methodisch anders ausgefallen. Sie müßten unseres Erachtens in Bezug auf philosophischen Fortschritt eine ungleich größere Ähnlichkeit mit dem genannten Werke aufzuweisen haben. Der Einwand, welcher gegen die frühere Abfassung der fraglichen Schriften aus dem bekannten Bücherverbot vom Jahre

---

[1]) De Un. II. p. I. c. 45, p. 843 (1).

[2]) De an. II. 12, p. 82 (2): sic suscipiendus est, id est sustinendus (Aristoteles) in eis omnibus, in quibus recte sensisse invenitur.

[3]) Jourdain a. a. O. S. 211.

[4]) Endres, Des Alexander von Hales Leben und psychologische Lehre, 1888. S. 16.

1210 [1]) und dessen wiederholter Erneuerung entnommen werden könnte, vermag eine derartige Annahme kaum zu entkräften. Denn so sehr man auch über die Auslegung und die Verbindlichkeit [2]) jener Censuren verschiedener Meinung sein kann, soviel muß jedenfalls zugegeben werden, daß eine vorsichtig den Wahrheitsgehalt prüfende Beschäftigung und eine dementsprechende schriftliche Verwertung niemals und hinsichtlich keines aristotelischen Textes untersagt sein konnte. Sonst hätte es unmöglich zu der von der kirchlichen Autorität angestrebten Reinigung jener physischen und metaphysischen Schriften und zu deren Einbürgerung in den christlichen Schulen kommen können. Daß Wilhelm seine Werke früher niederschrieb, als Jourdain annahm, dafür spricht ferner auch die energische Stellungnahme gegen die manichäischen Irrtümer der Katharer. In den ersten [3]) Kapiteln von „De Universo" sucht er in der ausführlichsten Weise den Hauptsatz [4]) dieser Sekte, die Annahme eines guten und eines bösen Prinzipes, zu widerlegen. Aus dieser eingehenden Polemik sowie aus einer am Anfang derselben gemachten Bemerkung, welche die Irrlehren der Katharer als noch höchst gefährlich darstellt [5]) und von dem Vorgehen der kirchlichen und weltlichen Autorität als von gegenwärtig sich abspielenden Ereignissen zu sprechen scheint, läßt sich schließen, daß die Zeit, in der Wilhelm seine Feder führte, jenen Wirren nicht gar zu ferne stehen kann. Nun fällt aber der letzte Kreuzzug gegen die Irrlehrer im südlichen Frankreich in das Jahr 1213 [6]). Damit hatte die Bewe-

---

[1]) Bardenhewer, die pseudo-aristotelische Schrift über das reine Gute, Freiburg 1882, S. 212 ff.

[2]) Schneid, Aristoteles in der Scholastik, Eichstädt 1875, S. 21 ff.

[3]) De Un. I. p. I. c. 2—11.

[4]) De Un. I. p. I. c. 2, p. 594 (2): Hic ergo seductor (Manes) et falsiloquens (gegen fasiloquens des Textes) posuit duo esse principia, duos esse deos, et nominavit alterum deum lucis et deum benignum, alterum vero deum tenebrarum et deum malignum.

[5]) De Un. I. p. I. c. 2, p. 594 (1): coepit error iste fere cum ipsa lege Christianorum fuitque et est adhuc non solum perniciosissimus, sed etiam pestilentissimus: quapropter ipsum etiam gladio et igne persequi et exterminare usque hodie (gens Christianorum) non desistit.

[6] Brück, Lehrbuch der Kirchengeschichte, Mainz 1884, S. 523 f.

gung ihren Höhepunkt erreicht und die Gefahr, welche Wilhelm
andeutet, war, wenn auch nicht ganz abgewendet, doch bedeu-
tend herabgemindert. Bringt man also die angeführten Äußerun-
gen mit den geschichtlichen Thatsachen in Verbindung, so ergiebt sich, daß unser Autor wenigstens „De Universo" um das
Jahr 1213 begonnen haben konnte. Eine ähnliche, hinsichtlich
der Zeitangabe aber weniger bestimmt lautende Bemerkung, [1])
die ebenfalls von einer Verfolgung der Katharer redet, deutet
darauf, daß auch „de anima" zu einer Zeit geschrieben sei, wo
die Irrlehre noch offene Anhänger fand, also nicht gar zu lange
nach den vorhin genannten Kriegen. Da nun „de trinitate", wie
schon früher erwähnt, vor den beiden letzten Schriften abgefaßt
wurde, so dürfte Wilhelm seine philosophischen Werke kurz vor
1213 begonnen und dieselben in den zwanziger Jahren, noch vor
seiner Erhebung auf den bischöflichen Stuhl, vollendet haben. [2])
Hiermit findet dann auch die oben besprochene geringwertige
Ausbeutung speziell der aristotelischen Philosophie in den genannten Werken ihre Erklärung.

Was schließlich die Beachtung anlangt, welche unser Autor bisher in der Geschichte der Philosophie gefunden hat, so
bringt französischerseits weitaus den besten und gründlichsten
Bericht die Histoire littéraire. [3]) Nach Angabe der Biographie folgen von jedem einzelnen Werke kurze Skizzen. Jourdain [4]) untersuchte, wie aus dem Vorhergehenden ersichtlich,
den Ursprung und die Art der von Wilhelm benutzten aristotelischen Texte und stellt die sonstigen bei Wilhelm citierten Autoren zusammen. Die Angaben Hauréau's [5]) über die Schrift
„De Universo" sind im ganzen Wiederholungen aus der Histoire littéraire. Seine eigenen Erörterungen beziehen sich vorwiegend

---

[1]) De an. VII. 8, p. 124 (2): Quidam vero erronei, quos gens Christianorum non immerito gladio et igne prosequitur, posuerunt eas animas) esse
daemones incarceratos.

[2]) Die gleiche Ansicht vertritt auch Valois a. a. O. S. 238, Anm. 1.

[3]) Histoire littéraire de la France, Tom. XVIII, p. 357 ff Kleinere Ar-
tikel bringen Dictionnaire des sciences philosophiques, Paris 1845, Tom. II, p.
612; Nouvelle Biographie Générale, Paris 1858, Tom. XXII, p. 687 ff.

[4]) Jourdain, a. a. O. S. 289 und 298—299

[5]) Hauréau, De la philosophie scolastique, Paris 1850, Tom. I. p. 432
ff. Histoire de la philosophie scolastique, Paris 1872 ff. T. II, 1, p. 142—170.

auf die Erkenntnislehre. Unrichtig ist es indes, wenn der französische Geschichtsschreiber der scholastischen Philosophie in der Speculation des mittelalterlichen Denkers einen kühnen Idealismus nach dem Muster von Joh. Gottlieb Fichte erblickt. Die Arbeit von Valois [1]) trägt einen vorwiegend literarhistorischen Charakter. Von den Deutschen hat, neben Tiedemann, [2]) Stöckl [3]) versucht, eine Gesamtdarstellung von Wilhelms Philosophie zu geben. Werner veröffentlichte eine eigene Abhandlung [4]) über dessen psychologische Lehren und behandelte in einer besonderen Schrift [5]) seine Beziehungen zu den Platonikern des 12. Jahrhunderts und zu den Lehren der Araber und Avencebrols. Neuestens hat noch Guttmann [6]) das Verhältnis Wilhelms zur jüdischen Philosophie hervorgehoben.

Nach diesen einleitenden Bemerkungen über die Schriften des nachmaligen Bischofs von Paris und deren Stellung in der Entwickelung des mittelalterlichen Denkens können wir zu unserem eigentlichen Gegenstande übergehen. Als Thema der folgenden Abhandlung sollen die erkenntnistheoretischen Lehren aus dem Gedankenstoffe Wilhelms herausgegriffen und im Zusammenhang zur Darstellung gebracht werden. [7]) — Keiner der früheren Scholastiker verfolgte die Vorgänge des Erkenntnislebens mit solchem Interesse wie Wilhelm. Er war der erste unter den christlichen Denkern des Mittelalters, welcher mit voller Bestimmtheit die Frage nach der Entstehung des Wissens sich

---

[1]) S. oben S. I, Anm. 1.

[2]) Tiedemann, Geist der spekulativen Philosophie. Marburg 1795, IV, S. 344 ff.

[3]) Stöckl, Geschichte der Philosophie des Mittelalters, Mainz 1865, II, S. 326 ff.

[4]) Werner, die Psychologie des Wilhelm von Auvergne, Wien 1873 (auch Sitzungsb. d. phil. hist. Klasse d. kk. Akademie d. Wiss. B. 73, S. 257 ff.).

[5]) Werner, Wilhelms von Auvergne Verhältnis zu den Platonikern des 12. Jahrhunderts, Wien 1873 (Sitzungsberichte der phil. hist. Klasse d. kk. Akad. d. Wiss., B. 71, S. 119 ff.).

[6]) Guttmann, die Philosophie des Salomon ibn Gabirol (Avencebrol), Göttingen 1889, S. 51 ff., und schon früher in: Revue des études juives, Paris, Tom. XVIII, p. 243 ff.

[7]) Haureau, Werner und Valois haben in ihren kurz vorhin angeführten Werken bereits einigermaßen die Erkenntnistheorie berücksichtigt, aber eine eingehende Behandlung dieses Gegenstandes ist bei ihnen nicht zu finden.

stellte und eine Erklärung der Erkenntnisthatsachen zu geben
versuchte. Wie kam aber Wilhelm dazu, diese Frage überhaupt
aufzuwerfen, nachdem es Jahrhunderte lang nicht mehr der Fall
gewesen? Die nächste Veranlassung hiezu bot ihm die Bekanntschaft
mit den arabischen Philosophen. Die christliche Spekulation
war mit den Arabern zunächst nicht auf dem theoretischen Gebiete der Ontologie zusammengetroffen — dieses blieb einer späteren
Zeit vorbehalten —, sondern in Fragen über die Entstehung und
Dauer der Welt, über die Natur der rein immateriellen Substanzen
und der menschlichen Seelen. Fast die gesamte Polemik Wilhelms in „De Universo" und „De anima" gruppiert sich um die
genannten Punkte. Aber gerade die Bekämpfung jener Lehren,
welche die arabischen Peripatetiker unter Nachwirkung des Neu-
platonismus hinsichtlich der rein geistigen Wesen, der Intelli-
genzen, und bezüglich der menschlichen Seelen ausgebildet hat-
ten, machte von Seite der christlichen Denker ein allseitiges und
tieferes Eingehen auf die Vorgänge des Erkennens notwendig.
Denn nach der Meinung der Araber[1]) erzeugen die zehn Intelli-
genzen lediglich durch einen Erkenntnisakt in absteigender Reihe
die eine die nächstfolgende nebst der entsprechenden Sphäre
und der dazu gehörigen Himmelsseele, bis herab zum letzten
Gliede der Entwickelung, zur gesamten irdischen Körperwelt.
Die Psychologie sodann war zum größten Teil aufgegangen in
einer phantastischen Erklärung der menschlichen Erkenntnispro-
cesse durch ein oder mehrere außerhalb der Seele stehende,
geistige Wesen.[2]) Sollten diese Lehren eine Widerlegung finden,
so konnte dies nur geschehen durch eine ernsthafte Berücksichtigung der Erkenntnisthätigkeiten selbst. Hiebei vermochten
die Werke des Aristoteles die besten Dienste zu leisten. Allein
erst allmählich gelang es den Vertretern der christlichen Wissenschaft, den ächten Aristoteles von dem unächten zu scheiden
und von dorther die Waffen gegen die Araber zu holen.

[1]) Vgl. W e r n e r , Wilhelms Verhältnis zu den Platonikern des 12.
Jahrhunderts, S. 26 u. 27.

[2]) Über diese Theorien der arabischen Philosophen vgl. auch F r.
B r e n t a n o , Die Psychologie des Aristoteles, insbesondere seine Lehre vom
νοῦς ποιητικός, Mainz 1867, S 8—23.

Wilhelm nun führt noch größtenteils mit den alten Mitteln, welche ihm die Psychologie der früheren Jahrhunderte an die Hand gab, den Kampf. Nur einige Gedanken von Wert entnimmt er dem Aristoteles. Was wir früher gesagt, trifft besonders bei der Erkenntnislehre zu; sie ist im Vergleich zu den Leistungen der Blütezeit, wo Albertus Magnus und Thomas von Aquin die Gedanken des Stagiriten in erkenntnistheoretischen Dingen mit Meisterschaft wiedergeben, nur ein Stückwerk zu nennen. Seine Behandlung der Erkenntnisfragen entbehrt jeder einheitlichen Darstellung, und die betreffenden Erörterungen finden sich an den verschiedensten Stellen zerstreut. Er kennt noch nicht den Weg, welcher durch Aristoteles schon vorgezeichnet war. Dies darf aber sicherlich als sein Verdienst in Anspruch genommen werden, daß er die zu seiner Zeit auftauchenden Erkenntnisfragen aufgegriffen und in Fluß gebracht hat. Soviel zur vorläufigen Orientierung über die Motive, welche Wilhelm zu seinen erkenntnistheoretischen Erörterungen hindrängten, und über die Art und Weise, wie er die einschlägigen Fragen zu lösen suchte.

In Anlehnung an Aristoteles nimmt unser Autor die alte Scheidung des Erkenntnisgebietes in eine sinnliche und eine geistige Thätigkeit auf. Wir haben demgemäß zu handeln von der sinnlichen und von der intellektiven Erkenntnis. Den genannten Abschnitten lassen wir in einem ersten Teil eine knappe Darlegung jener Punkte aus der Psychologie vorangehen, welche der Erkenntnislehre zur näheren Beleuchtung dienen können.

I.

Psychologische Vorfragen.

Der angehende Kenner des Aristoteles leitet seine Abhandlung „de anima" ein mit erläuternden Bemerkungen zur aristotelischen Definition[1]) von der Seele. Er entnimmt dieselbe

---

[1]) De an. I. 1, p. 65: Anima igitur est, prout delinit Aristoteles, „perfectio corporis physici organici potentia vitam habentis."

einer aus dem Griechischen stammenden lateinischen Übersetzung. [1]) Wenn aber Wilhelm diese berühmte Formel des Aristoteles an die Spitze seiner psychologischen Erörterungen stellt, so verhehlt er nicht, daß er mit einem gewissen Selbstbewußtsein und mit dem Gefühl[2]) der geistigen Selbständigkeit dieser Definition und ihrem Autor gegenüberstehe. Zwar nimmt er, dem Zuge der Zeit folgend, die neuen Termini in die Psychologie auf, ohne aber den charakteristischen Sinn, welchen sie im Systeme des Stagiriten haben, damit zu verbinden. Mit der wünschenswertesten Klarheit tritt sein eigentlicher Standpunkt hervor in einer fast unmittelbar nach jenen Erörterungen sich findenden Bestimmung[3]) der menschlichen Seele, welche vollständig, wie er selbst zugiebt, im Geiste der früheren, in der ersten Hälfte des Mittelalters gebräuchlichen Definitionen gehalten ist. [4])

Wilhelm kommt es bei der Entwickelung seiner psychologischen Ansichten vor allem auf die Feststellung der Substanzialität, Unteilbarkeit und Einfachheit des Seelenwesens an. Die Seele ist ihm eine völlig einfache, immaterielle, lebendige Substanz, welche nach ihrem ganzen Sein und den Eigenschaften dieses Seins im direkten Gegensatz zum Körper steht. [5]) Leib und Seele sind beide völlig selbständige, in ihrem Sein von einander unabhängige Substanzen. Es braucht kaum der Erwähnung, daß dieser Seelenbegriff von dem aristotelischen grundverschieden ist und auf Augustinus zurückgeht.

---

[1]) Werner, Die Psychologie des Wilhelm von Auvergne, S. 3, hat unrichtig: aus einer arabisch-lateinischen Übersetzung; vgl. Jourdain, Recherches critiques, S. 290—292.

[2]) De an. 1. 1, p. 65: Non intret autem in animum tuum, quod ego velim uti sermonibus Aristotelis tamquam authenticis ad probationem eorum, quae dicturus sum.

[3]) De an. 1. 3, p. 67 (1): Nemo autem locutus est de anima humana, qui illam non intelligat per hanc rationem seu descriptionem et qui eam non nominet „substantiam viventem, incorpoream, intelligentem et scientem per se et proprie, totumque hominem, hoc est omnia interiora hominis et exteriora, regentem.“

[4]) Vgl. hierüber die Schrift Werners: Der Entwicklungsgang der mittelalterlichen Psychologie von Alkuin bis zu Albertus Magnus, Wien 1876.

[5]) De an. VI. 13, p. 83 (2): Quod autem ita ab invicem discrepantes sint substantia spiritualis et substantia corporalis et earum utrarumque dispositiones, ut praedixi, exemplo uno manifestum est.

Mit vollster Deutlichkeit kommt nun diese Abweichung 'da zur Geltung, wo es sich um das Verhältnis von Leib und Seele handelt. Aristoteles hatte die Begriffe von Materie und Form, in welchen er der ursprünglichen Ableitung gemäß die realen Bestandteile[1]) aller körperlichen Dinge erblickte, auch auf das biologische Gebiet übertragen. Als Form des Körpers[2]) aber erscheint bei ihm die zugleich als vegetative fungierende sensitive Seele. Der νοῦς ist mit dem Körper in keiner Weise vermischt[3]) und dem Sein nach von ihm völlig unabhängig. Beide jedoch, der νοῦς und die ohne den Körper nicht existenzfähige sensitive Seele, sind im Menschen zur substanziellen Einheit[4]) verbunden. Keiner der Scholastiker hat sich den aristotelischen Seelenbegriff in dem dargelegten Sinne zu eigen gemacht. Um so weniger vermochte Wilhelm in die Bedeutung desselben einzudringen. Er wendet zwar auf Leib und Seele[5]) die Termini Materie und Form an, er spricht ferner von der Verbindung[6]) beider als einer Verbindung zwischen Materie und Form; allein trotz dieser aristotelisch klingenden Ausdrücke hält er die platonisch-augustinische Auffassung vom Verhältnis der Seele zum Leibe fest. Der Leib ist für die Seele nichts anderes, als was das Haus ist für den Bewohner, das Pferd für den Reiter, das Werkzeug für den Handwerker.[7]) Dazu mengt er noch das den Arabern entlehnte Bild einer Lichtquelle, eines äußeren

---

[1]) G. von Hertling, Materie und Form und die Definition der Seele bei Aristoteles, Bonn 1871, S. 26 f.

[2]) von Hertling a. a. O. S. 150.

[3]) von Hertling a. a. O. S. 151—155. Zeller, Philosophie der Griechen, 3. Aufl., II b, S. 568 ff.

[4]) von Hertling a. a. O. S. 144 ff. Fr. Brentano, Die Psychologie des Aristoteles, Mainz 1867, S. 117, Anm. 21. Zeller, a. a. O. S. 567. 592 ff.

[5]) De an. I. 2, p. 66 (2): Quoniam autem dicit Aristoteles in libro de anima, quoniam corpus quidem materia est, anima vero forma.

[6]) De an. I. 2, p. 66 (2): Propter hoc humanitas non est anima sola, sed anima est perfectio ipsius corporis, perfectio inquam essentialis, quae et pars illius est et cum materia prima componit et constituit illud. Wilhelm wendet sich hier gegen die Theologen des 12. Jahrhunderts, welche den Begriff des Menschen in dem Begriff der Seele aufgehen liessen, ohne den Körper zu berücksichtigen; vgl. Werner, Psychologie Wilhelms, S. 21 f.

[7]) De an. V. 9, p. 125 (2).

Einflusses, welcher von der Seele aus dem Leibe zuströmt und von diesem, wie von einem Gefäße, aufgenommen wird. [1]) Daraus ergiebt sich zur Genüge, daß bei Wilhelm von einer substanziellen Einheit zwischen Leib und Seele im Sinne des Aristoteles keine Rede sein kann. Die Seele ist ja nach ihm gar nicht Seinsprinzip des Körpers und kann es nicht sein, weil der letztere als eine selbständige Substanz gedacht wird; sie darf nur als Wirkursache der sämtlichen am Körper zur Erscheinung kommenden Thätigkeiten angesehen werden. Ihre Verbindung mit dem Leibe ist eine Verbindung der Kraft nach, per contactum virtutis, wie Thomas von Aquin sich ausdrückte. Der Körper, ein rein materielles, an sich zu jeder Bewegung unfähiges Gebilde, bleibt das Werkzeug ihrer Bethätigung, und eine Wechselwirkung zwischen beiden kann nicht stattfinden. Nur ein wirkendes [2]) und thätiges Prinzip giebt es im Menschen: die Substanz der vernünftigen Seele.

Diese Ausführungen deuten bereits an, welche Stellung Wilhelm gegenüber den aristotelischen Seelenteilen einnimmt. Auch in diesem Punkte der Psychologie des Aristoteles finden wir unsern Scholastiker historisch noch nicht ausreichend unterrichtet. Nach seinem Berichte [3]) hätten nämlich Aristoteles und die Araber drei Seelen im Menschen angenommen, eine vegetative, eine sensitive und eine vernünftige. Eingehend setzt er nun die Gründe auseinander, die zu einer solchen Annahme hingeführt hätten. Es sei das Prinzip gewesen, aus den spezifischen Unterschieden [4]) der Thätigkeiten ebensoviele, real verschiedene, Ur-

---

[1]) De an. V. 24, p. 152 (1): Quoniam illa duo (anima et corpus) sunt sicut dans vitam et recipiens, sicut illuminans et illuminatum, sicut agens et patiens, sicut influens et influentiam recipiens.

[2]) De an. V. 8, p. 124 (1): declaratum est tibi per omnia haec, animam rationalem sive humanam esse substantiam activam et agentem in semet ipsam et in corpus.

[3]) De an. IV. 1, p. 104 (1): Conveniens est nunc ut aggrediar . . destruere errorem eorum, qui scilicet senserunt illam non esse unam nec in homine esse animam unicam, sed plures, numero tres, scilicet vegetabilem, sensitivam et rationalem. Vgl. de an. VI. 5, p. 162 (1).

[4]) De an IV. 1, p. 105 (1): Cum igitur tres illae species operationum inveniantur in homine, necesse est principia et causas earum inveniri in eodem: haec autem sunt tres animae.

sachen in den Lebewesen zu folgern. Dieses Argument, und
damit die ganze Lehre, bestreitet Wilhelm auf das entschiedenste.
Wollte man so schließen, so gäbe es nicht bloss drei Seelen,
sondern nach der Zahl der im Menschen sich findenden Thätigkeiten mindestens fünfzehn. [1]) Dieser Schluß aber und seine
Voraussetzung sind falsch. Alle diese Thätigkeiten müssen auf
ein einziges Prinzip [2]) zurückgeführt werden, auf die vernünftige
Seele, welche auch die Ursache der vegetativen und sensitiven
Funktionen sei. Wir sehen, wie Wilhelm alle im Körper
sich vollziehenden Thätigkeiten der immateriellen, geistigen Seele
zuschreibt und dadurch die sensitive Seele des Aristoteles einfach
umgeht. Hierin sind ihm die späteren Scholastiker gefolgt.
Auch Thomas von Aquino z. B. hat nicht den vollen aristotelischen
Seelenbegriff aufgenommen; auch er sieht die intellektuelle
Seele [3]) als Form des Körpers, und damit als Subjekt des sensitiven und vegativen Lebens an.

Doch findet sich zwischen Wilhelm und den Peripatetikern der
Blütezeit noch ein bedeutsamer Unterschied. Durch die, wenn
auch unrichtig verstandene, aristotelische Lehre von den Teilen
der Seele war die Frage nach dem Verhältnis der spezifisch
verschiedenen Thätigkeiten zunächst zur Seelenzahl angeregt
worden. Aber dieselbe Frage führte weiter. Schon zu den
Zeiten Wilhelms machte sich das Bestreben geltend, zur Erklärung der einzelnen Kraftgebiete zwar nicht mehrere Seelen,
aber unter sich und von der Seelensubstanz real verschiedene Kräfte oder Potenzen anzunehmen. Alexander von
Hales [4]) vertrat zuerst diesen Standpunkt, welcher so ziemlich

[1]) De an IV. 3, p. 108 (1, 2).

[2]) De an. IV. 3, p. 107 (2): Declaratur igitur tibi per hanc viam, quod
anima una numero est perficiens hunc hominem sive hoc animal rationale,
et eadem est perficiens animal et vegetabile sive vivens. Ebd. p 107 (1):
anima rationalis sufficit regere ac vivificare plenissime corpus, cui advenerit.

[3]) Stöckl, Geschichte der Philosophie des Mittelalters, II, S. 610.
Siehe über die Behandlung dieses anthropologischen Problems durch Albertus Magnus: Frhr. v. Hertling, Albertus Magnus, Köln 1880, S. 115—118.

[4]) Endres, Des Alexander v. Hales Leben und psychologische Lehre
1888, S. 48.

allgemeine Anerkennung fand [1]) bis zum Wiederaufleben des
Nominalismus durch Wilhelm von Occam. Die Teile der Seele,
welche Aristoteles unterschied, um die Verschiedenheit ihrer
Thätigkeiten zu bezeichnen und abzugrenzen, waren jetzt zu
realen Potenzen geworden, als deren Subjekt die einfache, immaterielle Seelensubstanz galt. Gegenüber derartigen Versuchen
nun zeigt sich Wilhelm als einen ausgesprochenen Anhänger
der von Augustinus sich herleitenden, durch das ganze Mittel-
alter bis zu ihm herab forterhaltenen Traditionen. [2]) Mit aus-
drücklicher Berufung [3]) auf die berühmteren und weiseren der
christlichen Lehrer nimmt er Stellung gegen die Auffassung der
Seele als einer bloßen Summe, [4]) eines bloßen „Bündels" natür-
licher Kräfte. Nicht minder bekämpft er dann die Meinung,
welche im Seelenwesen eine reale Scheidung zwischen Substanz
und deren Vermögen oder Potenzen vollzog. [5]) Ausführlich wird
dargelegt, daß die Kräfte der Seele nicht als verschieden von
ihr aufgefaßt werden dürfen, vielmehr mit ihrem Wesen identisch seien und mit demselben zusammenfallen. Sie bezeichnen
sämtlich die eine, unteilbare Seele, insofern sie in verschiedener Weise thätig ist. [6]) Nur die Wirkungsweisen sind verschieden, nicht aber das wirkende Prinzip. Es giebt also keine von
der Substanz real verschiedene Kräfte oder Potenzen in der
Seele. Jede Teilbarkeit muß von ihr ausgeschlossen werden.
Der Folgerungen, welche sich aus dieser Auffassung vom

---

[1]) Ausser Richard von Middletown, welcher von Endres a. a. O. ange-
führt wird, ist auch Heinrich von Gent (Stöckl, a. a. O. S. 753 f.) ein Gegner
dieser Lehre.

[2]) Werner, Psychologie Wilhelms, S. 11 ff.

[3]) De an. III. 6, p. 92 (2): aliqui enim ex maioribus et sapientioribus
theologorum legis Christianorum hoc dixerunt et scripserunt, sicut apparere
tibi potest ex inspectione librorum illorum, asserentes expresse, quia anima
humana et una est et unum est.

[4]) De an. III. 1, p. 87 (2): aggrediar destruere errorem quorundam, qui
putaverunt eam compositam esse ex viribus sive potentiis suis naturalibus.

[5]) De an. III. 2, p. 88 (1): Dicunt enim potentias animae qualitates na-
turales esse in ea, quibus ornatur ac perficitur essentia sive substantia illius.

[6]) De an. III. 6, p. 92 (1): Iam igitur feci te scire per hoc, quod potentia apud animam humanam nihil est aliud quam ipsa anima in eis, quae
operatur per essentiam suam.

Verhältnis der Seele zu ihren Kräften ergaben, ist sich Wilhelm wohl bewußt. Die vernünftige, immaterielle Seele nämlich muß als das einzige, unmittelbare Subjekt aller Thätigkeiten betrachtet werden. Deswegen sind auch die vegetativen und sensitiven Funktionen geistiger [1]) und unvergänglicher Natur und bestehen fort, wenn auch der Körper untergeht. [2]) Nur ihre Bethätigung, nicht ihr Sein, hängt vom Leibe ab. So sehr aber auch Wilhelm in diesem Punkte die Anschauungen der früheren Jahrhunderte verteidigt, so macht sich doch, nur nach einer anderen Seite hin, fremder Einfluß merklich geltend. Unser Autor verweist uns auf Plato [3]) und dessen Schrift über die Unsterblichkeit der Seele. Der letztere habe gelehrt, daß die Seele in einem unmittelbaren Zusammenhange mit der Quelle des Lebens stehe, wodurch ihr ununterbrochen und dauernd der Strom des Lebens zufließe. Wir haben hier eine indirekt wohl auf Avencebrol zurückgehende [4]), Wilhelm durch Dominikus Gundisalvi vermittelte, Umformung jenes Argumentes vor uns, welches Plato im Phaedo für die Unsterblichkeit der Seele aus deren Teilnahme an der Idee des Lebens führt. Jene Lebensquelle ist der Schöpfer, welcher der Seele immer gegenwärtig bleibt und durch unaufhörliche Einströmung dieselbe bis zum Überfließen anfüllt, sodaß sie auch ihrerseits zu einer Quelle

---

[1]) De an. V. 5, p. 120 (2): virtus vero gressibilis et virtus visibilis non minus est ipsa anima humana essentialiter quam intellectiva.

[2]) De an. V. 23, p. 149 ff.

[3]) De immortalit. anim., Tom. I, p. 329 (1): Hae enim animae sic revertentes ab exterioribus ad se ipsas, sicut dicit Plato in libro de immortalitate animae, indubitanter sentiunt seorsum se esse a regione mortis, et agnoscunt continuitatem suam et coniunctionem ad fontem vitae, et nihil esse interponibile sibi et fonti vitae, quod fluxum vitae super illas impediat et avertat. — Die Stelle ist Gundisalvis Schrift de immortalitate animae entnommen (vgl. oben S. 4), in der aber die Verweisung auf Plato fehlt.

[4]) „Lebensquelle" ist bekanntlich auch der Titel von Avencebrol's Hauptwerk (Avencebrolis [Ibn Gebirol] Fons vitae. Ex codicibus Parisinis, Amploniano, Columbino primum edidit Clemens Baeumker, in Bd. I. der Beiträge zur Gesch. d. Philos. d. Mittelalters; vgl. besonders tr. V. c. 13 gegen Ende: D. Quis est fructus quem consequemur ex hoc studio? M. Evasio mortis et applicatio ad originem [= fontem] vitae); und Dominikus Gundisalvi, der Mitübersetzer dieses Werkes, ist zugleich der Verfasser oder Übersetzer der aller Wahrscheinlichkeit nach gleichfalls auf Avencebrol zurückgehenden Schrift, welche Wilhelm hier ausschreibt.

von Leben wird, welches sie teils in sich selbst ausfließen läßt
in den höheren Thätigkeiten des Erkennens und Wollens, teils
aber in den Körper und die körperlichen Organe hinausströmt
als vegetatives Leben, als die Kräfte der körperlichen Bewegung
und der sinnlichen Funktionen.[1]) In dieser eigentümlichen
Weise betrachtet Wilhelm die Seelenthätigkeiten als Ausflüsse
aus deren Wesen, die aber in letzter Instanz Ausflüsse der Gottheit selbst sind. Ganz ähnlich denkt sich unser Scholastiker
die Wirksamkeit der übrigen Kreaturen. Sie erscheinen als
Durchgangspunkte der einen göttlichen Ursache, aus welcher
auch alles Sein bei der Schöpfung ausgeflossen ist.[2])

Der Gedanke eines unmittelbaren Zusammenhanges der
Seele mit der Gottheit kehrt bei Wilhelm in anderer Formulie-
rung und in einem etwas anderen Sinne wieder. Unser Schola-
stiker gebraucht nämlich mehr als einmal die Wendung, die
Seele stehe im Horizont, an der Grenze zweier Welten.[3])
Er war aber nicht der erste und nicht der letzte, welcher diesen
Satz dem durch Gerhard von Cremona in den Jahren 1167—1187
aus dem Arabischen übersetzten „Liber de causis" entnahm.[4])
Dieses Buch ist ein Auszug aus der στοιχείωσις θεολογική des
Neuplatonikers Proklus und von einem arabischen Autor, ver-
mutlich um das 10. Jahrhundert, aus einer arabischen Übersetzung des neuplatonischen Werkes hergestellt.[5]) Bei Alanus
von Lille (1202 †) findet sich die Schrift zum erstenmal benutzt.[6]) Von da an haben neben den Werken des Aristoteles
nicht viele Bücher in der philosophischen Litteratur des Mittel-

---

[1]) De an. V. 24, p. 152 (1): ... ipsae animae humanae fontes vitae
sunt et praesentia creatoris in ipsis implentis eas usque ad redundantiam
antedictam. De an. VI. 4, p. 159 2): animam humanam fontem esse veris-
simum vitalium influentiarum, quae sunt vita, sensus et motus.

[2]) De an. V. 2, p. 113 (1). De trin. V, p. 6 (1).

[3]) De an. VII. 6, p. 211 (2): ponendum est, animam humanam velut
in horizonte duorum mundorum naturaliter esse constitutam et ordinatam.
Vgl. De an. VI. 33, p. 193 (1). De Un. II. p. III. c. 20, p. 1056 (1); c. 21,
p. 1057 (1).

[4]) Bardenhewer, Die pseudo-aristotelische Schrift über das reine
Gute, Freiburg i. B. 1882, S. 146.

[5]) Bardenhewer, a. a. O. S. 37 und 51.

[6]) Bardenhewer, a. a. O. S. 205 ff.

alters eine so einflußreiche Rolle gespielt wie der „Liber de causis" [1]) Von sämtlichen bedeutenden Scholastikern citiert und oft in überraschender Weise zu Beweisführungen benutzt, erstreckt es seine Wirkungen bis ins 17. Jahrhundert herab. [2]) Es kann also nicht auffallen, wenn auch Wilhelm auf die Lehren dieser Schrift Rücksicht nimmt. Am meisten Zugkraft übte auf dessen Denkweise jener Gedanke, welcher der Seele die Stellung zwischen Ewigkeit und Zeit [3]) zuweist. Abgesehen von dessen Verwertung bei metaphysischen Erörterungen über Zeit und Ewigkeit kommt derselbe zu vollster Geltung in der Psychologie und speciell in der Erkenntnislehre.

Wilhelm mußte seine eigenen Anschauungen mit jenem Satze verwandt finden. Er dachte sich ja, wie zuvor hervorgehoben worden, die Seele nach ihrem Sein und ihren Thätigkeiten in unmittelbarer Verbindung mit Gott, [4]) er nahm die Möglichkeit einer direkten Erkenntnis jenes Zusammenhanges an, er huldigte dem augustinischen Gedanken von der unmittelbaren Gegenwart der ewigen Wahrheit [5]) in der Seele, wie wir später zeigen werden. Nichts anderes als diese Überzeugung des christlichen Denkers schien in der fraglichen Stelle ausgesprochen zu sein. Man brauchte nur statt der bloßen Zeitbestimmungen die Objekte zu setzen, von welchen diese gelten, nämlich Gott und die sinnlichen Dinge, dann kam dem so ergänzten Gedanken des Liber de causis sogar die Bedeutung einer christlichen [6]) Wahr-

---

[1]) Diese Bezeichnung findet sich zum ersten Mal bei Alexander von Hales. Bardenhewer a. a. O. S. 205.

[2]) Bardenhewer a. a. O. S. 205–302.

[3]) Bardenhewer a. a. O. S. 165, § 2: esse autem quod est post aeternitatem et supra tempus est anima, quoniam est in orizonte aeternitatis inferius et supra tempus.

[4]) Siehe oben S. 17, Anm. 3.

[5]) De Un. II. p. III. c. 20, p. 1054 (2): quia sapiens et sanctus iste ipsam lucem interiorem, ex qua emicant irradiationes huiusmodi, vocat aeternam veritatem.

[6]) De an. VII. 6, p. 211 (2): Secundum doctrinam autem Christianorum, quam necesse est per omnia et in omnibus esse verissimam et ab omni falsitate et errore depuratissimam, ponendum est animam humanam velut in horizonte duorum mundorum naturaliter esse constitutam et ordinatam.

heit zu, welche sich mit Stellen aus der Bibel belegen ließ.[1]) Auf dieser Grundlage nun, welche über jeden Irrtum erhaben ist,[2]) sucht Wilhelm das Ideal der menschlichen Erkenntnis zu schildern. Als Theologe nämlich beschäftigt er sich mit besonderer Vorliebe mit dem Erkenntniszustand des Menschen vor der Sünde. Die Seele steht kraft ihres ursprünglichen, bei der Schöpfung ihr verliehenen Adels im Horizont zweier Welten.[3]) Die eine ist die geistige Welt, die ewige Wahrheit, der Schöpfer, und die rein immateriellen seeligen Geister, die andere die sinnliche, irdische Körperwelt.[4]) Im Besitze der höchsten Freiheit vermag die intellektive Kraft nach eigenem Belieben mit größter Leichtigkeit sich bald dem einen, bald dem anderen Erkenntnisgebiete zuzuwenden.[5]) Gott der Schöpfer und die immateriellen Substanzen werden durch ein unmittelbares geistiges Schauen und Betrachten erkannt[6]) Die Kenntnis der sinnlichen Welt schöpft die Seele aus einer inneren Lichtfülle mit vollster Klarheit und Deutlichkeit ohne der Sinne zu bedürfen.[7]) Diese letzteren erscheinen in jenem Zustand der ursprünglichen Gesundheit, Reinheit und Freiheit als bloßes Beiwerk, welches für das Zustandekommen der Erkenntnis selbst unnötig ist.[8]) Wilhelm fühlte das Mißliche, welches in einer solchen Loslösung der sinn-

---

[1]) De an. VII. 6, p. 211 (2); 212 (1).

[2]) Vgl. S. 19, Anm. 6.

[3]) De Un. II. p. III. c. 21, p. 1057 (1): iam claruit tibi per ea, quae praecesserunt. status naturalis animae, quo posita est ipsa nobilitate suae creationis in horizonte duorum mundorum. Vgl. De an VI. 33. p. 193 (1) unten.

[4]) De an. VII. 6, p. 211 (2): Et alter mundorum est ei mundus sensibilium, cui coniunctissima est per corpus: alter vero creator ipse est in semet ipso. Vgl. De Un. II. p. III. c. 21. p. 1057 (1, 2).

[5]) De an. VI. 33, p. 193 (1): Ex quo apparet ipsam (animam) esse tamquam in horizonte communi duorum mundorum naturaliter ordinatam seu constitutam et in libera ipsius voluntate naturaliter esse positum, utri istorum mundorum duorum se accommodet vel applicet.

[6]) De an V. 15, p. 138 (2): sic esse a virtute intellectiva per ipsa intelligibilia quemadmodum est cognitio sensibilium a virtutibus sensitivis per sensibilia. Vgl. De an. V. 14, p. 134 (1).

[7]) De an. V. 17, p. 142 (1. 2): Quod si quis dixerit, quia, postquam vis intellectiva tantae luminositatis esset in animabus humanis, ut et universalia et particularia sive sensibilia cognosci per eam possint . . .

[*]) De an. V. 17, p. 142 (1).

lichen Funktionen von dem Erkenntnisorganismus lag. Daher bemerkt er, die Sinne hätten ihre Bedeutung darin, das bereits durch intellektuelle Anschauung Erkannte auch noch auf dem Wege der sinnlichen Erfahrung zu bestätigen [1]) oder die Herrlichkeit des Schöpfers auch aus der Sinnenwelt zu erkennen [2]) oder endlich die Bedürfnisse des eigenen und des gesellschaftlichen Lebens zu befriedigen. [3]) Es mag vielleicht nicht uninteressant sein, wie der Scholastiker des 13. Jahrhunderts diese rein theologischen Ausführungen an einen aus dem „Liber de causis" entnommenen und im christlichen Sinne gedeuteten und ergänzten Gedanken anknüpft; allein philosophisch vermögen sie keinen Wert zu beanspruchen, höchstens könnte man in der Durchführung schwache Reminiszenzen an platonische Lehren erblicken. Ihr Ausgangspunkt war ein theologischer, die Lehre von der Vollkommenheit auch der natürlichen Kräfte des Menschen vor der Sünde. In historischer Beziehung jedoch bekunden sie aufs deutlichste den Zusammenhang Wilhelms mit der Denkrichtung des zwölften Jahrhunderts. Hugo von St. Viktor [4]) und Peter der Lombarde [5]) behandelten den gleichen Gegenstand in ähnlicher Weise. Auch in einem anderen Punkte stimmt Wilhelm mit den genannten Theologen überein, wobei sich allerdings der Einfluß platonisierender Autoren, besonders der dem Merkurius Trismegistus zugeschriebenen Schrift „de deo deorum" [6]) — es ist der Asclepius des Apulejus — bemerklich macht. Wie jene, so will auch er den jetzigen, erfahrungsmäßigen Erkenntniszustand aus dem Sündenfall ableiten. Er kann nicht oft genug wiederholen, [7]) daß die Seele

---

[1]) De an. V. 17, p. 142 (1): nihil tamen prohibet eidem posse placere, ut aliter res sensibiles cognoscat et de eis experiatur.

[2]) De an. V. 18, p. 143 (1).

[3]) De an. V. 18, p. 143 (2).

[4]) Stöckl, Geschichte der Philosophie des Mittelalters, Mainz 1861, I, S. 339.

[5]) Stöckl a. a. O. S. 409.

[6]) De Un. II. p. III. c. 20, p. 1056 (2). De an. VI. 33, p. 193 (2). Über die Schrift de deo deorum vgl. oben S. 5 Anm 6. Wilhelm hat an beiden oben citierten Stellen Apulej. Asclep. c. 12, p. 37, 11—12 (Goldbacher (quare animam obtorto, ut aiunt, detinet collo) im Sinn.

[7]) Am eingehendsten behandelt er diese theologische Lehre de an. p. 127—133.

durch die Sünde von der Höhe ihrer ursprünglichen, bei der
Schöpfung ihr mitgegebenen Lichtfülle herabgestürzt wurde.[1]
Zwar war dieselbe aus ihrer Stellung im Horizont der geistigen
und sinnlichen Welt nicht hinausgedrängt, sie behält auch nach
der Sünde ihr Doppelgesicht[2] bei, vermöge dessen sie sich den
höheren geistigen und körperlichen Dingen je nach Belieben zu-
wenden kann. Allein in der Erkenntnisweise dieser beiden Welten ist eine vollständige Änderung eingetreten. Während früher
der Intellekt sich mit vollster Freiheit und Leichtigkeit zur Schau-
ung des Schöpfers emporheben konnte, gelingt es jetzt nur mehr
wenigen und erst nach vieler Mühe durch Ascese unter dem
Einfluß der göttlichen Gnade.[3] Der Zug zum Sinnlichen hält
die Seele niedergebeugt zur Erde, und die Bilder der Sinnendinge
erschweren ihr Aufsteigen zur immateriellen Welt der Geister.[4]
Bezüglich der materiellen Einzeldinge hingegen erlitt die intellektive Kraft der Seele eine völlige Verdunkelung. Des ihr eigentümlichen Lichtes, durch welches sie in sich selbst ohne Mitwir-
kung der Sinne die irdische Welt erfaßte, wurde sie vollständig
beraubt. In dem jetzigen Zustande des Elendes und des Ver-
derbnisses muß der Intellekt betteln gehen bei den Sinnen und

---

[1] De an. V. 19, p. 144 (1): Ex his igitur apparet tibi, quam deiecta
et depressa sit ab altitudine luminositatis et nobilitatis suae naturalis virtus
intellectiva sive anima humana quantum ad illam.

[2] De immort. an., Tom. 1, p. 334 (2): Manifestum est, virtutem istam
nobilem esse duarum facierum, quarum altera illuminatur a rebus sublimi-
bus et altera illuminabilis est ab inferioribus corporalibus et sensibilibus, et
eadem virtus est et eadem facies Wilhelm konnte diesen Ausdruck dem
Avicenna entnehmen, bei dem derselbe freilich einen anderen Sinn hat.
Nach Haneberg („Zur Erkenntnislehre des Ibn Sina und Albertus Magnus",
Abhandl. d. philos.-philolog. Klasse d. kgl. bayrischen Akademie der Wissen-
schaften, Bd. XI. S. 199 f.) verstand Avicenna darunter die beiden verschiedenen Vermögen der theoretischen und praktischen Vernunft. Vgl. übrigens
auch Avencebrol, Fons vitae, III. c. 37, p. 165, 6 16 ed. Baeumker, wo
zwar nicht der Ausdruck „duae facies", im übrigen aber der ganze Gedanke
Wilhelms sich genau findet, und dazu die weitern Nachweisungen, welche
Guttmann a. a. O. S. 148, Anm. 2, giebt.

[3] De Un. II. p. III. c. 20, p. 1054 (1, 2.)

[4] De an. VI. 33, p. 193 (2): Verum originalis corruptionis depressio
alligatam eam detinet corpori et incurvatam ad mundum sensibilium quousque
ut ad mundum intelligibilium levare se non possit nisi adiuta vel visitatione
ab altissimo, ut audivisti, vel aliis occasionibus. Vgl. De Un. II. p. III. c. 20,
p. 1056 (1); c. 21, p. 1057 (2).

kann nur mehr durch deren Unterstützung und Vermittelung zur Erkenntnis der Einzeldinge gelangen.[1) So kommt Wilhelm endlich an der Hand der christlichen Lehren auf den Boden der Erfahrung, des erfahrungsmäßigen Erkennens. Bei all diesen Erörterungen hatte er seine Vorgänger gehabt an den Theologen des 12. Jahrhunderts. Was ihn aber von diesen Männern scheidet, das sind seine Betrachtungen über die Entstehung und die Ursachen der thatsächlichen Erkenntnisvorgänge. Trotz der Mangelhaftigkeit und des unmethodischen Verfahrens bei diesen Untersuchungen sehen wir doch das mittelalterliche Denken um einen bedeutenden Schritt nach vorwärts gerückt. Die hervorragendsten Autoren der heidnischen und christlichen Philosophie, Plato, Aristoteles und Augustin, und ihre erkenntnistheoretischen Lehren werden von Wilhelm bereits in den Kreis der Erörterung gezogen.

Ein Anknüpfungspunkt an Aristoteles fand sich in der soeben dargelegten Abhängigkeit des Intellektes von der sinnlichen Erkenntnis. Dieser Gedanke bildet ja ein wichtiges Element in der aristotelischen Erkenntnislehre. Wieweit sich Wilhelm denselben zu eigen gemacht, werden die späteren Ausführungen zeigen. Vorerst ist es unsere Aufgabe, die Lehren Wilhelms über das sinnliche Erkennen zur Darstellung zu bringen.

II.

Die Erkenntnis durch die Sinne.

Wenn Siebeck [2)] bemerkt, bei Wilhelm von Auvergne werde der Sinnesthätigkeit nur vorübergehend gedacht, so ist das insofern richtig, als unser Scholastiker die hieher gehörigen Fra-

---

[1)] De an. V. 18, p. 143 (2): Nunc autem, hoc est tempore miseriae et corruptionis praesentis, necesse habent animae humanae mendicare a rebus sensibilibus per sensus cognitiones eorum sensibiles propter obtenebrationes virtutis intellectivae, quae ad exteriora particularia et sensibilia penitus caeca est et ad illa omnino non attingens nisi sensibus adiuta et aliquatenus illuminata.

[2)] Siebeck, Geschichte der Psychologie, 1. Teil, 2. Abt., Gotha 1884, S. 405. Vgl. Werner, Psychologie des Wilhelm v. Auvergne, S. 12, dem Siebeck folgt.

gen nirgends in zusammenhängender, systematischer Weise zur
Besprechung bringt. Allein trotzdem finden nicht unwesentliche
Punkte dieser Seite des Erkennens erwähnenswerte Berücksichtigung. Im einzelnen beziehen sich diese Bemerkungen auf die
sinnlichen Kräfte und deren Organe und auf eine Art Analyse
der Akte des Erkennens. Der Einfluß aristotelischer Gedanken tritt hiebei sehr deutlich hervor.

Wie früher dargelegt, faßt Wilhelm die Seelenkräfte nicht
als reale, von der Seelensubstanz verschiedene Potenzen auf,
sondern als die Seele selbst, insofern sie thätig ist. Auch die
sinnlichen Kräfte werden mit ihr identisch genommen und
als bloße Thätigkeitsäußerungen gedacht. Nicht der beseelte
Leib, wie bei Aristoteles, sondern die geistige Substanz der Seele
gilt als das Subjekt der sinnlichen Vermögen, sodaß die
Akte der letzteren von der Seele allein mit Ausschluß jedes
körperlichen Faktors vollzogen werden, wie unser Scholastiker
im bewußten Gegensatz zu Aristoteles ausdrücklich hervorhebt. [1]

Was charakterisiert nun aber die sinnlichen Kräfte als
solche? Einzig ihre Beziehung zum Körper und den körperlichen Organen. Diese sind die physischen Vorbedingungen,
die unterstützenden Mittel und Werkzeuge für die Thätigkeit
der Seele in ihren sinnlichen Funktionen. [2] Was nun das nä-
here Verhältnis der letzteren zu den Organen angeht, so greift
Wilhelm hier auf Aristoteles zurück. Damit nämlich die Seele
in Thätigkeit treten, oder, nach aristotelischer Terminologie, die
Potenz in den Akt übergehen [3] kann, ist von Seite der Organe

---

[1] De an. III, 11, p. 102 (1): Ipsae enim operationes, quae fiunt per
corpus, ut ostensum est tibi in praecedentibus, ipsius animae humanae ve-
rissime ac propriissime sunt, sicut est loqui, disputare et etiam, quamquam
indignetur Aristoteles, texere et aedificare. Vgl. de an. II. 11, p. 81 (2).
Arist. de an. I. 4, 408 b 11.

[2] De an. V. 23, p. 149 (1): Quod si quis dixerit, quia quantum ad vires inferiores, ex quibus sunt operationes huiusmodi, necesse est
animam humanam indigere corpore et membris corporalibus, verum utique
dicit, si ista indigentia est solummodo quantum ad operationes huiusmodi
peragendas.

[3] De an. V. 23, p. 149 (2): Causa autem in hoc est, quoniam potentia
huiusmodi non exit in actum per se ipsam solum, immo necessarium habet
instrumentum videndi.

eine gewisse Beschaffenheit erforderlich, welche die Mitte hält
zwischen zu starken und zu schwachen Reizen der äußeren Eindrücke. Die ersteren vernichten die Organe durch ihre Heftig-
keit und machen so eine seelische Bethätigung unmöglich, die
letzteren dagegen liegen nach modernem Sprachgebrauche unter-
halb der Reizschwelle und reichen infolge ihrer Schwäche nicht
hin, eine Thätigkeit der Seele auszulösen. [1]

In dieser Abhängigkeit von körperlichen Organen findet
nun Wilhelm den Grund für die Teilung und Mehrzahl der
sinnlichen Kräfte. Die Eindrücke der Außendinge weisen unter sich eine große Verschiedenheit, ja sogar Gegensätz-
lichkeit auf, sodaß es unmöglich ist, ein einziges körperliches
Organ zu construieren, welches sie alle aufzunehmen im Stande
wäre. Es müssen daher mehrere Organe vorhanden sein, welche,
entsprechend den äußeren Eindrücken, verschieden gebaut sind.
Daraus ergiebt sich nun eine Mehrheit von sinnlichen
Kräften und eine Beschränkung jeder einzelnen auf einen be-
stimmten Kreis von Erkenntnisobjekten. Diesen Umständen ist
es zuzuschreiben, daß der Gesichtssinn nicht aufnahmsfähig ist
für Töne und das Gehör keine Farben wahrzunehmen vermag,
daß überhaupt jeder von den fünf Sinnen auf eine Reihe be-
stimmter, nur ihm eigentümlicher Objekte beschränkt erscheint. [2]
Dieser Versuch Wilhelms, die thatsächliche Mehrheit der Organe
und sinnlichen Kräfte zu erklären, steht den entsprechenden Erörterungen des Aristoteles [3] noch fern; denn dieser will ja
die Fünfzahl der Sinne aus der Verwandtschaft der Organe mit
den Elementen, aus welchen sie bestehen, herleiten. Unser Scholastiker ward vielmehr zu seinen Betrachtungen durch den Gegensatz angeregt, welchen er zwischen der so vielfach geteilten
sinnlichen Erkenntnis und dem intellektiven Erkennen [4] zu finden
glaubte, da das letztere auf alle Objekte ohne bestimmte Grenze sich

[1] De an. VI. 4, p. 160 (1). Vgl. Arist. de an. II. 12, 424 a 28.
[2] De Un. II. p. II. c. 24, p. 867 (1, 2).
[3] Arist. de an. III. 1, 424 b 22 — 425 a 12.
[4] De Un. II. p. II. c. 24, p. 867 (1): Quomodo cum tam multa sint
genera et species intelligibilium, non diversata est et in multos ramos divisa
virtus intellectiva, respondeo tibi in hoc, quia non oportet hoc fieri nec etiam
potuit propter abstractionem et amplitudinem virtutis intellectivae.

erstreckt, und sich innerhalb desselben keine verschiedenen Kräfte unterscheiden lassen.

Neben den fünf äußeren Sinnen kennt Wilhelm auch innere Sinne. Hier scheint er, wie auch Alexander von Hales[1] und Thomas von Aquin,[2] dem Avicenna zu folgen. Aristoteles nämlich hatte nur einen einzigen inneren Sinn angenommen, den Centralsinn, und den Sitz desselben in das Herz verlegt.[3] Dieses war das Subjekt aller hieher gehöriger Thätigkeiten, der Phantasie- und Gedächtnisvorstellungen. Abweichend hievon unterschied dagegen Avicenna neben den äußeren empfindenden Vermögen noch fünf innere Sinne, welche er sich an einzelnen Teilen des Gehirnes lokalisiert dachte.[4] In ähnlicher Weise zählt Wilhelm vier innere Sinne auf, welche die Vorder-, Mittel- und Hinterzelle des Kopfes zu ihren Organen haben,[5] nämlich den Gemeinsinn, die Einbildungskraft oder Phantasie,[6] dann das sinnliche Gedächtnis und endlich die sinnliche Urteilskraft.[7]

Genauere Erörterungen über die spezifischen Funktionen dieser inneren Sinne oder über etwaige Gesetze derselben finden sich bei Wilhelm nicht. Nur über ihr Verhältnis zu den äußeren Sinnen sucht er sich kurz Rechenschaft zu geben. Wie Aristoteles, nimmt auch er inhaltlich keinen wesentlichen Unterschied an zwischen den Sinnesempfindungen einerseits und den

---

[1] Endres, Des Alexander v. Hales Leben und psychologische Lehre, S. 58.

[2] Stöckl, Geschichte der Philosophie des Mittelalters, II, S. 637.

[3] Baeumker, Des Aristoteles Lehre von den äußeren und inneren Sinnesvermögen, Leipzig 1877, S. 84 f.

[4] Stöckl, a. a. O. S. 36 ff. Siebeck, Gesch. der Psychologie, I. 2, S. 431. Landauer, Die Psychologie des Ibn Sina, in : Zeitschr. der deutschen morgenl. Gesellsch., Bd. XXVI, S. 399 f.

[5] De an. VII. 15, p. 211 (2): Phantasmata igitur, quae extra animam sunt videlicet in quacunque ex tribus cellulis humani capitis. Vgl De an. V. 5, p. 119 (1).

[6] Avicenna trennte die blos reproduzierende Kraft der „Phantasie" von der mehr produktiven „Imagination", welche durch Verbindung und Trennung der Vorstellungen relativ neue Bilder schafft. Stöckl. a. a. O. II, S. 37.

[7] De an. IV. 3, p. 108 (1): videlicet sensum communem, imaginativam, aestimativam, ratiocinativam, rememorativam. Vgl. De an. V. 9, p. 124 (2).

Phantasievorstellungen und Gedächtnisbildern andererseits. [1]) Die
letzteren sind nur Überbleibsel der ersteren, zurückgelegte
und aufgehäufte Sinnesinhalte. [2]) Der Gemeinsinn entnimmt
seinen Stoff den einzelnen äußeren Sinnen, die Einbildungskraft
dem Gemeinsinn, und das Gedächtnis giebt beim Erinnerungsakt
das wieder, was in ihm niedergelegt und aufgespeichert ist. [3])
So entstammt das ganze Material der inneren Sinne der Bethätigung der äußeren. Diese sind gleichsam die Boten, die überall
umhergehen und, was außen in den Sinnendingen geschieht, mel-
den, während jene die Aufzeichnungen der äußeren Vorgänge
festhalten [4]) und unmittelbar dem Intellekte darbieten. Phantasie
und Gedächtnis werden mit einem Buch verglichen, aus welchem
der Intellekt von der Sinnenwelt Kenntnis nimmt. [5])

Über einen unbedeutenden Anfang auf dem Gebiete des
Vorstellungslebens sind wohl diese Erörterungen kaum hinaus-
gekommen. Der bildliche Ausdruck hat das Übergewicht über
das begriffliche Denken. Doch ist der Gedankengang unseres
Scholastikers klar. Der sinnliche Erkenntnisproceß verläuft nach
seiner Vorstellungsweise in der Abstufung graduell verschiedener
Vermögen von außen nach innen, um dem Intellekte das Material
der Außenwelt zu liefern. Primäre Quelle und Anfang desselben
bilden die Sinnesempfindungen. Welches ist nun deren Wesen
und nach welchem Gesetze werden dieselben erklärt?

---

[1]) De legibus, Tom. I. c. 27, p. 88 (1): non distinguimus a sensu ea,
quae in sensu relinquuntur, videlicet imaginationem et memoriam: ista enim
videntur esse sensus repositi et thesaurizati. Wir berücksichtigen, wie hier,
auch sonst noch manchmal die mehr theologischen Werke, wenn es zur
Vervollständigung der Anschauungen Wilhelms notwendig erscheint.

[2]) De Un. II. p. III. c. 21, p. 1057 (1): sed re vera (intellectus) legit in
imaginatione et memoria reliquias impressionum, quae relinquuntur in eis ex
impressionibus, quae fiunt in sensibus a rebus sensibilibus.

[3]) De Virtutibus, Tom. I. c. 9, p. 120 (2): nihil enim potest sensus
communis . . . nisi prout recepit a particularibus et imaginatio simpliciter
nisi prout recepit a sensu communi . . . Manifestum autem magis est in
memoria, quae non reddit reminiscendo nisi quae apud ipsam reposita vel
thesaurizata sunt.

[4]) De Virt., Tom. I. c. 9, p. 122 (1).

[5]) De Un. II. p. III. c. 21, p. 1057 (1): Propter quod imaginatio hujus-
modi et memoria sunt virtuti intellectivae quasi libri, in quibus legit res
sensibiles.

Wilhelm stellt einen allgemeinen, für die Entstehung jeder Erkenntnis gültigen Satz auf, den nämlichen, welcher auch von den späteren Scholastikern als das Grund-Axiom der Erkenntnislehre angesehen wurde. Er führt denselben unmittelbar auf die Bücher des Aristoteles[1]) zurück und giebt ihm die Formulierung: „jede Erkenntnis ist eine gewisse Verähnlichung der erkennenden Kraft oder des erkennenden Teiles mit den erkannten Gegenständen.“ [2])

Die Sinneserkenntnis erscheint als eine Verähnlichung der Sinne mit den erkannten Sinnendingen.[3]) Im Zusammenhang damit wird das Wahrnehmen als ein Leiden[4]) bezeichnet und von den Sinnen behauptet, daß sie der Möglichkeit nach die sinnlichen Formen enthalten.[5]) Wo findet nun jene Verähnlichung statt und jenes Leiden? In dem beseelten Organ, dieses als einheitliches Subjekt gedacht, wie Aristoteles lehrte, oder lediglich in dem materiellen, rein physischen Gebilde, Organ genannt, wie Augustin[6]) annahm? Wilhelm läßt hierüber keinen Zweifel. Ein beseeltes Organ, das der Träger sinnlicher Empfindungen wäre, kennt er nicht. Wie schon erwähnt, ist nach ihm das Subjekt der Empfindung die Seele allein, die Organe dagegen bilden bloß die Vorbedingungen für die Betheiligung derselben. Nun vermag ein geistiges Princip wie die Seele

---

[1]) De retributionibus sanctorum, Tom. I., p. 317 (1): Jam autem declaratum est in libro de sensu et sensato et in aliis libris de hoc quod visio non est nisi assimilatio videntis . . . et ad hunc modum se habet etiam de aliis sensibus, immo generaliter de omnibus apprehensionibus. Thomas von Aquin dagegen verweist bei diesem Axiom auf den Liber de causis; vgl. Bardenhewer, a. a. O. S. 265.

[2]) De Un. II. p. I. c. 14, p. 821 (2): omnis cognitio nostra assimilatio quaedam est ad ipsa cognita secundum eam vim vel partem, per quam cognoscuntur

[3]) De Un. II. p. I. c. 14, p. 821 (2): ut si per sensus cognoscuntur, assimilatio erit sensus ad illa, ut evidens est in tactu et visu et in omnibus sensibus.

[4]) De an. I. 5, p. 70 (2): Quare si sentire pati est, erit in eodem, in quo et potentia sentiendi.

[5]) De an. III. 4, p. 207 (2): Sensus enim . . . est potentia habens formas sensibiles sive similitudines earum.

[6]) Al. Schmid, Erkenntnislehre. Freiburg i. Br. 1890, I, S. 380, 381.

nichts Materielles, keine körperliche Wirkung, in sich aufzunehmen, wie auch andererseits die körperlichen Dinge nur wieder auf einen Körper wirken können.[1]) Daraus ergibt sich mit Notwendigkeit, daß sich die Einwirkungen der Sinnendinge und die bei der sinnlichen Erkenntnis stattfindende Verähnlichung, welche auch ein Leiden genannt wird, nur auf die körperlichen Organe erstrecken. In dem Organe eines jeden einzelnen Sinnes muß ein Bild des wahrgenommenen Gegenstandes eingeprägt werden.[2]) Das Auge wird weiß beim Sehen der weißen Farbe, es nimmt Licht auf beim Wahrnehmen des Leuchtenden.[3]) Ferner ist klar, daß diese Bilder in den Organen rein körperlicher Natur sind und nichts Psychisches an sich haben.[4]) Was Wilhelm „Leiden" nennt, das erweist sich als Aufnahme einer physischen, in das Organ übergehenden Qualität, wie der Farbe, des Lichtes, der Wärme,[5]) und der oben erwähnte Begriff der „Möglichkeit" bedeutet nichts anderes als die körperliche Beschaffenheit der Organe, durch welche sie fähig werden, jene materiellen Wirkungen in sich aufzunehmen, wie ein Spiegel durch seine Glätte die Bilder der Gegenstände aufnimmt.[6]) Die

---

[1]) De an. V. 5, p. 119 (2): corpus enim agens in corpus per formas sensibiles.

[2]) De Un. II. p. I. c. 24, p. 821 (2): in organo enim uniuscuiusque sensus necesse est imprimi similitudinem eius, quod per ipsum sensibiliter cognoscitur seu sentitur. Vgl. de an. I. 5, p. 70 (2).

[3]) De retrib. sanct., Tom. I. p. 317 (1): Si sit visio albi, erit assimilatio albi et oculi et albatio oculi, sic visio lucidi illuminatio oculi.

[4]) De an. V. 5, p. 119 (2): cum illae 'substantiae sensibiles) non agant nisi per formas sensibiles nec imprimant impressiones, quae veniant usque ad animas nostras.

[5]) De an. I. 5, p. 70 (2): quemadmodum passio vel impressio, quae est a lucido vel colorato in humore crystallino, qui est in oculo, indubitanter sit recipere. Vgl. ebend. S. 69 (2).

[6]) De an. V. 5, p. 120 (2): si virtus intellectiva non esset in corpore humano nisi quemadmodum receptibilitas formarum visibilium aut quemadmodum in speculo politio et tersio. De an. II. 2, p. 74 (2): Et haec causa, propter quam instrumenta omnia sensuum creata sunt in dispositionibus aptis ad receptiones impressionum a rebus sensibilibus. Vgl. De Un. II. p. II. c. 69, p. 922 (1).

Pupille des Auges muß farblos sein, das Organ des Geschmackes selbst ohne Geschmack. [1])

Es liegt auf der Hand, daß die eben dargelegte Auffassung Wilhelms von der sinnlichen Erkenntnis, wenn er dieselbe eine Verähnlichung mit den erkannten Objekten nennt, mit dem Gedankengang des Aristoteles sich noch kaum vergleichen läßt. Es fehlt jedes Verständnis der für die aristotelische Empfindungslehre entscheidenden Begriffe „des beseelten Organs", „des Leidens", „der Möglichkeit" Diese sämtlichen Bestimmungen des Stagiriten werden von unserem Scholastiker lediglich auf die materiellen Organe bezogen. Wir erblicken hierin nur die Konsequenz seiner eigenen Ansicht vom Verhältnis der Seele zum Leibe, demzufolge die erstere als ein geistiges, körperlichen Einwirkungen unzugängliches Princip erscheint, sodaß die äußeren Gegenstände nur auf den Körper und dessen Organe einzuwirken vermögen, ohne die Seele selbst zu beeinflussen. Dazu kommt aber noch, daß schon den späteren Peripatetikern, wie auch den arabischen Philosophen, von welchen ja Wilhelm die aristotelischen Lehren empfing, die tiefere Auffassung des sinnlichen Erkennens als einer immanenten Thätigkeit des beseelten Organs und des Erkenntnisbildes als einer immateriellen, stofflosen Form abhanden gekommen war. An die Stelle der letzteren setzte man rein körperliche Bilder. [2])

Mit der Einprägung eines materiellen Bildes im Sinnesorgan hält aber Wilhelm den Vorgang der sinnlichen Erkenntnis noch keineswegs für abgeschlossen. Das körperliche Bild ist nur die unerläßliche Bedingung für den eigentlichen Empfindungsakt, welcher rein psychischer Natur ist und von der Seele allein vollzogen wird. [3]) Den psychischen Charakter der Sinneserkenntnis hebt Wilhelm hervor in seiner Polemik gegen Alexan-

[1]) De an. II. 2, p. 74 (1. 2).

[2]) Siebeck, Geschichte der Psychologie, I. 2, S. 432.

[3]) De an. I. 5, p. 69 (2): In ipso sentire duo intelligit omnis intelligens, videlicet receptionem formae sensibilis in organo sensus et cognitionem sive judicium, quod per illam fit tamquam per signum.

der Aphrodisiensis. [1]) Unser Scholastiker sieht in dem berühmten Commentator des Aristoteles einen Philosophen von hervorragender Bedeutung und nicht geringem Ansehen. [2]) Die Autorität und der Name dieses Mannes scheinen von gewaltiger Zugkraft gewesen zu sein; denn nur so begreift sich der feine Spott gegenüber schnellgläubigen und unselbständigen Nachbetern, [3]) sowie die eingehende Beachtung, welche Wilhelm Alexanders Lehre vom Wesen und Ursprung der menschlichen Seele widmet. [4]) Er habe gelehrt, [5]) die menschliche Seele sei nur die Harmonie der körperlichen Elemente und sie verdanke infolge dessen ihren Ursprung einer möglichst günstigen Verbindung derselben, eine Meinung, wie sie ähnlich von Philolaus vertreten worden sei. Damit schienen nun, abgesehen von der Leugnung der Unsterblichkeit der Seele, auch die Thatsachen der sinnlichen Wahrnehmung wie des geistigen Erkennens zu bloßen körperlichen Eigenschaften oder physischen Vorgängen herabzusinken. Dieser materialistischen Deutung der Empfindung gegenüber betont Wilhelm, daß die Aufnahmefähigkeit des Auges und die wirkliche Aufnahme der sinnlichen Bilder in demselben noch keineswegs für das Zustandekommen des Sehaktes genüge. [6]) Bis zu den Zeiten Alexanders sei es nicht bezweifelt worden, daß zum materiellen Eindruck im Sinnesorgane die Erkenntnis der Sache selbst und die Beurteilung derselben hinzukommen müsse. [7]) Nur jenes Princip ist in Wahrheit sehend, welches die

[1] Wilhelm kennt den Interpreten des Aristoteles nicht aus dessen eigenen Schriften (De an. V. 4, p. 117 (1): iuxta Aristotelem, cuius libros exposuisse Alexander dicitur), sondern durch Vermittlung der Araber, nach Jourdain (Recherches critiques S. 297), des Averroës.

[2] De an. V. 3, p. 110 (2).

[3] De an. V. 3, p. 116 (2).

[4] De an. p. 114—121.

[5] De an. V. 3, p. 114 (2): eam (animam) oriri et esse ex contemperantia elementorum, ac si diceret ex bonitate complexionis tamquam ex consonantissima coniunctione ipsorum.

[6] De an. V 5, p. 120 (2): quapropter quemadmodum receptibilitas formarum visibilium non facit oculum potentem videre sive aptum vel idoneum ad videndum . . .

[7] De an. V. 6, p. 121 (1): Amplius, non fuit dubitatum usque ad tempora ista, quin actus videndi in duobus consistat vel saltem illa . . . . requirat,

Farben erfaßt und bemerkt, über dieselben urteilt und dieselben von einander unterscheidet.[1]) Die genannten Thätigkeiten aber können keinem Organ, nicht einmal den vorzüglichsten körperlichen Teilen, den Nerven oder geistartigen Stoffen, zuerkannt werden;[2]) sie setzen vielmehr eine innere, höhere Kraft, ein vom Körper verschiedenes, geistiges Princip, die Seele voraus.[3]) Wilhelm unterscheidet also scharf und entschieden einen doppelten Faktor, einen physischen und einen psychischen. Der Empfindungsvorgang muß nach seiner wesentlichen Seite als eine Thätigkeit der geistigen Seele betrachtet werden, als ein Auffassen, Bemerken und Beurteilen[4]) der Außendinge oder ihrer Qualitäten, wie Farbe, Figur u. s. w., und zwar durch Vermittlung und auf Veranlassung der in den Organen abgeprägten materiellen Bilder.[5]) Die Erkenntnis bezieht sich direkt auf die äußeren Gegenstände selbst, nicht auf ihre körperlichen Eindrücke in den Organen,[6]) welch letztere nur die veranlassende Ursache für die erkennende und urteilende Thätigkeit der Seele sind. Die körperlichen Bilder selbst treten nicht

---

videlicet impressionem sive receptionem passionis, quae sit in oculo visibili, et cognitionem sive iudicationem, per quam cognoscitur res ipsa visibilis et iudicatur de ea, qualis coloris aut figurae sit. Vgl.de an. I. 5, p. 69 (2); 70 (2).

[1]) De an. V. 6, p. 121 (2): Quod enim colores apprehendit vel percipit et de eis iudicat eosque ab invicem diiudicat et discernit, hoc proprie ac vere ac solum videns est.

[2]) De an. l. 5, p. 70 (2): Verum nemo adhuc eo usque deliravit, ut diceret, nervum vel spiritum visibilem aliquid cognoscere vel de aliquo iudicare. Über die feinen körperlichen Stoffe (spiritus), welche die Vermittlerrolle spielen mußten zwischen dem Körper und der Seele, bemerkt Wilhelm, er kenne nur den Namen, eine Schrift hierüber sei nicht auf ihn gekommen, und die Untersuchung über dieselben komme den Ärzten zu. De an. VI. 35, p. 195 (2).

[3]) De an. V. 6, p. 121 (2): Iam declaratum est tibi per hoc, quia neque oculus videt neque eius est videre neque alicuius, quod in eo sit, sed est interioris et subtilioris virtutis et ipsi oculo dominantissime imperantis.

[4]) Vgl. Anm. 1.

[5]) De an. I. 5, p. 69 (2): cognitionem sive iudicium, quod per illam (formam sensibilem) fit tamquam per signum.

[6]) De retrib. sanct., Tom. I., p. 318 (1): quia impressio, quae fit in oculo a re visa, non videtur, sed magis res, a qua impressa est.

in unser Bewußtsein, und ihre Existenz ergiebt sich erst aus einer eigens angestellten Betrachtung [1]) Der ganz augustinische Charakter dieser Ausführungen, sowie ihr Abstand von der peripatetischen Lehre der späteren Scholastiker in diesem Punkte läßt sich nicht verläugnen. Wilhelm kennt keine geistartigen, stofflosen Formen, welche durch die Einwirkung der Außendinge erzeugt werden. So kann von einer Behandlung der Erkenntnislehre auf aristotelischer Grundlage bei ihm noch keine Rede sein

Die noch übrigen Bemerkungen unseres Autors beziehen sich auf die Gewißheit, welche der Sinneserkenntnis zukommt. Dem Gesichtssinn ist es nicht freigestellt, zu urteilen, daß das Weiße anders sei als weiß, [2]) und der Tastsinn kann nicht anders urteilen als nach der Beschaffenheit der Eindrücke, welche sein Organ empfängt. Diese sind die untrüglichen Zeugen [3]) der äußeren Dinge. Wenigstens hat dies Geltung bei allen den einzelnen Sinnen eigentümlichen Objekten. Hier giebt es keine Täuschung, mag sie sich auch vielfältig finden bei der Wahrnehmung der sämtlichen Sinnen gemeinsamen Verhältnisinhalte, wie Zahl oder Größe. [4]) Allein in diesen Fällen verbessert die höhere Kraft des Verstandes die Irrtümer der Sinne. [5]) Indem so Wilhelm die bezüglichen Lehren des Aristoteles wiederholt, vertritt er auch dessen realistische Ansicht, daß die Sinne uns zwingen,

---

[1]) Ebd.: nisi forte quis de eis considerationem per se fecerit, quemadmodum et nos sic loquentes facimus.

[2]) De virtutibus, T. I, c. 9, p. 120 (2): non enim liberum est visui, iudicare album alterius modi esse quam album neque tactui de frigido vel calido aut de quocunque aliorum sensatorum suorum aliter iudicare quam prout ab eo recipit aut patitur.

[3]) Ebd.: Est enim passio, quae imprimitur sensui a sensato, generaliter ut testis testificans a sensato, quale sit.

[4]) De an. III. 7, p. 93 (2): Non enim omnis apprehensio sensibilis falsa vel mendax est, quemadmodum dicit Aristoteles, quoniam sensus circa propria sensata neque errat neque mentitur, ut tactus non errat circa calidum aut frigidum . . . . ., verum circa primum et magnum et maius et minus frequenter errat nobisque mentitur.

[5]) Ebd.: Necesse igitur est occurrere vim seu virtutem aliquam, quae possit et invenire et cognoscere errores et mendacia sensuum . . . . Et hoc est, quod vocamus vim seu virtutem rationabilem.

3

eine äußere Welt von sinnlichen und einzelnen Dingen anzunehmen, und zwar mit jenen Beschaffenheiten ausgestattet, wie sie von den Sinnen erkannt werden.[1]) Das Gebiet der letzteren aber erstreckt sich nur auf die äußeren, materiellen Eigenschaften der Sinnendinge. Hier bleibt das sinnliche Erkennen stehen. In das innere, immaterielle Wesen auch der sinnlichen Gegenstände vermag es nicht mehr einzudringen.[2]) Dies ist bereits Aufgabe einer höheren, von den sinnlichen Kräften verschiedenen, organlosen Seelenkraft, nämlich des Intellektes.

III.

Die Erkenntnis des Intellektes.

Wie bei der sinnlichen Erkenntnis, so bringt Wilhelm mehr noch auf dem Gebiete des geistigen Erkennens seine psychologische Ansicht von der völligen Einfachheit des Seelenwesens zur Geltung. Ist die Seele unteilbar, so muß auch der höheren Erkenntniskraft Unteilbarkeit zukommen.[3]) So werden die sämtlichen Funktionen des höheren Erkennens, die Bildung abstrakter Begriffe, das aus Voraussetzungen durch Schlußverfahren abgeleitete Wissen, das unmittelbare Erfassen der obersten Grundsätze, auf eine einzige, mit der Seelensubstanz selbst zusammenfallende Erkenntniskraft zurückgeführt, welche von unserem Scholastiker fast durchgehends mit dem Namen „Intellekt" bezeichnet wird. Die auch noch späterhin festgehaltenen Unterschiede von „ratio" und „intellectus"[4]) drücken

[1]) De Un. II. p. l. c. 14, p. 821 (2): quemadmodum sensibilia et particularia necesse est esse non solum simpliciter, sed etiam esse ea, quae sentiuntur.

[2]) De an. V. 18. p. 143 (2): Quapropter manifestum est, sensum foris stare vel sistere in varietate huiusmodi (sensibilium accidentium), non etiam substantiarum intima penetrare. Vgl. De Un II. p. 111, p. 1057 (1).

[3]) De an. VII. 10, p. 217 (1): cum iam declaratum tibi sit animam humanam impartibilem esse; quanto fortius igitur impartibilem esse necesse est virtutem cognoscitivam ipsius nobilem.

[4]) De virtutibus Tom. 1, c. 1, p. 108 (1): nec est differentia inter vim intellectivam et vim ratiocinativam; una enim prorsus vis est animae humanae apprehensiva nobilis sublimium rerum. In eodem enim prorsus generatur scientia conclusionum, in quo est scientia vel intellectus principiorum, et ni-

nur zwei verschiedene Erkenntnisweisen eines und desselben
Subjektes aus. Das Gleiche gilt auch von den theologischen Un-
terscheidungen der „synderesis" und der „conscientia."[1])
Beide dürfen nicht als getrennte Vermögen betrachtet werden,
sondern nur als verschiedene Funktionen derselben intellektiven
Kraft. Insofern diese die sittlichen Normen des Naturgesetzes
infolge unmittelbarer göttlicher Einstrahlung irrtumslos erkennt,
heißt sie „synderesis",[2]) insofern sie aber moralische Urteile fällt
bei einzelnen Handlungen „conscientia."[3]) Wenn die heiligen
und weisen Lehrer die „synderesis" den höheren Teil des Erkenntnisvermögens nennen, so ist damit nicht eine Scheidung
innerhalb der Seele selbst gemeint, sondern jene wollten nur die
Richtung des Intellektes auf die großen, geistigen Güter anzei-
gen.[4]) In ähnlicher Weise werden ferner die von Avicenna
herübergenommenen Einteilungen eines intellectus theoricus oder speculativus und eines intellectus practicus[5])
nicht als verschiedene Seelenvermögen aufgefaßt, von denen das
erstere sich ausschließlich mit den göttlichen und himmlischen,
das letztere mit den menschlichen und irdischen Dingen beschäf-
tige.[6]) Es handelt sich hiebei um verschiedene Objekte und

---

hil prohibet in eadem anima humana secundum eandem vim esse duas qualitates eiusdem speciei. Vgl. De Un. II. p. II. c. 118, p. 968 (1).

[1]) Vgl. Werner, Die Psychologie des Wilhelm v. Auvergne, S. 42 ff.
Wilhelm nennt als diejenigen, welche zum erstenmal den Ausdruck „synde-
resis" gebrauchten, ganz unbestimmt „einige von den hervorragenden christ-
lichen Lehrern" oder in anderer Wendung „jene weisen und heiligen Lehrer."
Über den Ursprung dieses Begriffes siehe u. a. Endres, Alexander v. Hales,
S. 91.

[2]) De an. VII. 13, p. 220 (2): synderesis nunquam errans et nunquam
cessans a contradictione et rebellione malorum non potest esse vel dici in
anima humana nisi splendor iste legis naturalis aut vis intellectiva inquantum splendet lumine huius legis, scil. naturalis.

[3]) De an. VII. 14, p. 221 (2): Amplius, quid est contra conscientiam
propriam agere? et intendo contrarium eius, quod scit, vel credit, vel opi-
natur agendum, facere; nihil igitur aliud est conscientia quam scientia vel
credulitas vel opinio.

[4]) De an. VII. 13, p. 219 (1).

[5]) De an. VII. 10, p. 216. 217.

[6]) De an. VII. 10, p. 216 (2): et hanc imbecillitatem memini me au
disse etiam his verbis, videlicet quoniam alia est vis intellectiva quae divinis ac

Arten des Erkennens, während das erkennende Vermögen nur
eines ist, der Intellekt. Was die Erklärung anlangt, welche Wilhelm selbst von diesen Ausdrücken giebt, so bezieht sich der
theoretische Intellekt auf die jeder Wissenschaft eigentümlichen
Gesetze, während der intellectus practicus nur ein auf die Erfahrung einzelner Fälle gegründetes Wissen ist.[1]) Wilhelm denkt
hier offenbar an die Ausführungen des Aristoteles in dem ersten
Kapitel des ersten Buches seiner Metaphysik, wo die Unterschiede
zwischen dem theoretischen und dem bloß empirischen Wissen
dargelegt sind. Andererseits weist unser Scholastiker auf die Bedeutung der in Rede stehenden Termini nach christlichem Sprach-
gebrauch hin, wonach der praktische Intellekt die Beziehung
des Denkens zum sittlichen Handeln bezeichnet, während der intellectus theoricus die Betrachtung der göttlichen Dinge zum Gegenstande hat. Die christliche Tugendlehre verwertet diese
Ausdrücke in der Einteilung der Tugenden in theoretische und
praktische.[2]) Wenn Wilhelm endlich noch eine dritte Art von
Intellekt, den intellectus adeptus erwähnt, so geschieht es,
wie in den vorhingenannten Fällen in der Absicht, die Auffassung desselben als einer eigenen Seelenkraft abzuweisen. Der
Terminus selbst stammt von Avicenna, welcher denselben sei-
nerseits dem Alexander Aphrodisiensis entnimmt und damit
die vierte und oberste Entwickelungsstufe des Intellektes, seine
unmittelbare Verbindung mit der thätigen Intelligenz bezeichnet.[3])

coelestibus se intermittit sohummodo, alia quae de rebus humanis et terrenis.
Man darf wohl diese Stelle Wilhelms mit jenem Satze des Avicenna in Zusammenhang bringen, wo der letztere von der Seele sagt, daß sie zwei Ant-
litze habe: ein Angesicht gegen den Körper hin und ein Antlitz gegen die
hohen Principien (der Intelligenz) hin gewendet, worunter Avicenna die praktische und die theoretische Vernunft versteht. Haneberg, Erkenntnislehre
von Ibn Sina, S. 199 f. Siehe oben S. 22 Anm. 2.

[1]) De an. VII. 10, p. 217 (1): intellectus theoricus intellectus est sive
scientia intellectiva aut intellectualis theorematum uniuscuiusque doctrinae
vel disciplinae . . . . . Sic et intellectus practicus scientia est proprie, quae
acquiritur per experientiam operum.

[2]) De an. VII. 10, p. 217 (1, 2).

[3]) Haneberg, Erkenntnislehre von Ibn Sina, S. 204—206. Avicenna
hat auch noch die Bezeichnungen intellectus accommodatus seu ac
quisitus für den νοῦς ἐπίκτητος des Alexander.

Wilhelm dagegen versteht unter dem intellectus adeptus die Re-
flexion auf die eigene Erkenntnisthätigkeit,[1] welche nach dem
Zeugnisse des Themistius durch eine feste Richtung des Intellektes auf die inneren Akte und durch Gewöhnung an das Geistige erworben werden müsse.[2]
Wie aus alledem zu ersehen ist, steht der christliche Scholastiker nicht gerade unfreundlich den fremden Ausdrücken gegenüber, wiewohl er wenig Lust und Geschick zeigt, sich
auf die damit bezeichneten Gedanken näher einzulassen, was in
durchgreifender Weise erst durch Albertus Magnus geschah.[3]
Wilhelm sah seine Aufgabe vornehmlich darin, dem immer stär-
ker hervortretenden Bestreben entgegen zu wirken, mit den verschiedenen Termini eine Mehrheit von erkennenden Kräften in
die Seele einzuführen.[4] Das erkennende Vermögen ist nur ein
einziges und einfaches, der Intellekt.

Man kann nun fragen, wie unterscheidet sich die intellektive Kraft von den sinnlichen Erkenntnisvermögen?
Wilhelm kennt, wie auch die gesamte spätere Scholastik, einen
Unterschied beider in doppelter Beziehung, mit Rücksicht auf
ihre Bethätigung und bezüglich der Objekte, auf welche
beide gerichtet sind. Der Intellekt gehört zu den höheren
Kräften[5] der Seele, welche den Adel derselben und ihren Vor-

[1] De an. VII. 11, p. 217 (2): intellectus iste est, quo ipsa anima humana intelligit se esse intelligentem.

[2] De an. VII. 11, p. 218 (1): anima humana non intelligit intellectum
suum et intelligere, donec fixus atque firmatus sit in eo intellectus, sicut
dicit Themistius, expositor Aristotelis supra librum posteriorum eiusdem.
Nec aliud intelligo fixum vel firmatum esse intellectum quam acquisitum et
assuetum rebus intelligibilibus tamquam earum assuefactione circa eas firmatum et delatum.

[3] Haneberg, Erkenntnislehre von Ibn Sina, S. 209 f.

[4] De an. VII. 1, p. 203 (1): Ubi primum perscrutandum erit de na-
tura intellectus et de operationibus eius, utrum una an plures sint, ...
deinde quid est ipse intellectus materialis, quid intellectus adeptus, quid intellectus theoricus, quid intellectus practicus.

[5] De an. VI. 9, p. 165 (2): cum aliae vires sint in ea (anima) princi-
pales, et, ut ita dicatur, ipsae (?) praecipuum ac nobilissimum sui esse scire
potuerunt et debuerunt.

rang vor den unvernünftigen Tieren begründen.[1] Gegenüber
den sinnlichen Kräften, welche sich nur durch ein körperliches
Organ, bethätigen können, zeigt sich die intellektive Kraft als
völlig unabhängig vom Körper und von einem körperlichen
Organ, und ihre Thätigkeiten vollzieht die Seele in sich selbst
und durch sich selbst ohne Beihilfe des Körpers.[2] Gerade diesem Punkt, der völligen Unkörperlichkeit des Intellektes, schenkt
Wilhelm eine besondere Aufmerksamkeit, freilich zunächst, um
Argumente für die Unsterblichkeit der Seele zu gewinnen. Die
Organlosigkeit des höheren Erkennens schien ihm die wertvollste
und brauchbarste Prämisse für den Unsterblichkeitsbeweis des
menschlichen Individuums abzugeben. Darum zieht er, wenn
auch mit einigen Umgestaltungen, jene Erwägungen heran,
welche Aristoteles und unter den arabischen Peripatetikern besonders Avicenna[3] für die Geistigkeit und Unabhängigkeit des
höheren Erkenntnisvermögens vom Leibe ins Feld führen. Der
Sinn erleidet beim Wahrnehmungsakte eine physische Verände-
rung. Das Organ des Tastsinnes wird warm, die Feuchtigkeit
im Auge leuchtend.[4] Ganz entgegengesetzt verhält sich der
Intellekt. Von den intelligiblen Objekten geht nichts auf ihn über,
wie das Warme und Leuchtende auf das sinnliche Organ. Der
Intellekt leidet nicht von den geistigen Objekten, wie der
Sinn von den körperlichen Eindrücken.[5] In ihm findet sich

[1] Ebd.: Et hoc est quod dicitur praecipuum ac nobilissimum, quo scilicet
praecellit animabus irrationalibus. Es ist jener Teil der Seele, welchen die
Ausleger des Aristoteles und dessen Anhänger für unsterblich hielten. Ebd.
[2] De an. V. 22, p. 147 (2): Anima vero nostra sublimiores atque prae-
cipuas vires suas et operationes habet seorsim a corpore, hoc est non alliga-
tas corpori, . . . sed libere atque expedite absque adiutorio et ministerio corporis et per illas operatur vires, videlicet et huiusmodi operationes peragit et
perficit. Vgl. De an. II. 11, p. 82(1) scire et intelligere totaliter in anima
sunt, ita videlicet quod nihil sui habeant in corpore.
[3] Stöckl, Geschichte der Philosophie des Mittelalters, II, S. 40.
[4] De immort. an., Tom. 1, p. 335 (2): sensus non applicatus sensatis
absque assimilatione sui ut tactus calido absque calefactione et visus lucido
absque illuminatione.
[5] Ebd.: Intellectus autem e contrario se habet in hoc. Cum enim intelligit aliquid, non denominatur ab eo, quod intelligit: nihil enim est de
intelligibilibus apud intellectum nisi forte ipsa intellectio, ut in sensibus (sen-

nichts als die Thätigkeit des Erkennens, und diese vollzieht sich, ohne die Qualitäten der intelligiblen Gegenstände in sich aufzunehmen.[1]) Ferner wird der Sinn durch allzu heftige äußere Einwirkungen zerstört, während das umgekehrte Verhältnis beim Intellekt sich zeigt. Je mächtiger die geistigen Eindrücke sind und je öfter sie erfolgen, desto mehr steigert sich die Fähigkeit der intellektiven Kraft, was seinen Grund nur in der Unabhängigkeit der letzteren von jedem körperlichen Organ haben kann.[2]) Einen weiteren, unangreifbaren Stützpunkt soll die Ansicht von der Unkörperlichkeit des Intellektes durch den Hinweis auf die Vorgänge der Ekstase und Prophetie erhalten.[3]) Diese stellen einerseits den höchsten Grad intellektiver Thätigkeit dar, andererseits bedingen sie eine völlige Loslösung des Geistes von dem Körper und den Sinnen. In den genannten Erscheinungen müssen wir eine Unabhängigkeit des Intellektes anerkennen, welche jeden Einfluß des Körpers ausschließt und die völligste Unkörperlichkeit des höheren Erkenntnisvermögens darthut.

So sucht Wilhelm mit Herbeiziehung einer bunten Mischung von aristotelischen und christlichen Elementen die Geistigkeit des Intellektes zu beweisen. Wie aber der letztere durch die Art seiner Bethätigung unabhängig vom Körper sich als ein von den Sinnen verschiedenes Vermögen erweist, so sind auch die Objekte der intellektiven Kraft ganz anderer Natur als die der

---

sibilibus?) ipsa sensatio, et sic manifestum est intellectum impassibilem ab intelligibili aut intelligibilibus.

[1]) Der Ausgangspunkt dieser Beweisführung dürfte die aristotelische Stelle sein, Arist. de an. III. 4, 429 a 24: *διὸ οὐδὲ μεμίχθαι εὔλογον αὐτὸν τῷ σώματι· ποιός τις γὰρ ἂν γίγνοιτο, ἢ ψυχρὸς ἢ θερμός.* Vgl. Brentano, die Psychologie des Aristoteles, Mainz 1867, S. 120, Anm. 4.

[2]) De immort. an., Tom. I, p. 333(2): visus destruitur ab excedentibus harmoniam suam, hoc est a vehementer visibilibus; e contrario autem habet se in intellectu, quoniam intellectus non habet partem determinatam in corpore, quae sit instrumentum ipsius, et confortatur et invalescit ex vehementer intelligibilibus. Vgl. ebd. p. 335(2). Brentano, a. a. O. S. 126 u. 8.

[3]) De an. V. 22, p. 147(2): Manifestius autem est hoc in operationibus quae vocantur exstasis et raptus; in his enim manifeste cessat omnis operatio corporis et intendo omne adminiculum corporis .... Evidentissimum insuper est hoc in illuminationibus et revelationibus propheticis.

Sinne. Die letzteren erkennen nur die sinnenfälligen Eigenschaftten[1]) der materiellen Dinge, der Intellekt aber dringt bis zu den übersinnlichen Substanzen dieser körperlichen Dinge vor. Er erfaßt ferner die geistige Seele und ihre Thätigkeiten, und endlich kommt ihm zu die Erkenntnis der geistigen Welt, die Erkenntnis Gottes und der in der göttlichen Wesenheit begründeten obersten Wahrheiten oder Principien.

Damit sind nun auch die Gegenstände bezeichnet, mit denen eine systematische Darstellung der Erkenntnislehre Wilhelms in ihrem weiteren Verlaufe sich noch näher befassen muß. Wir werden dieselben an einem anderen Orte zur Behandlung bringen.[2])

---

[1]) De an. VII. 1. p. 203(2): sensus non attingit ipsas substantias rerum huiusmodi, sed solas dispositiones earum sensibiles. Vgl. S. 34, Anm. 2.

[2]) Im ersten Hefte des II. Bandes der Beiträge zur Geschichte der Philosophie des Mittelalters, hrsg. von Cl. Baeumker und G. Freih. von Hertling, Münster, Aschendorff.